AF193166

EVOLUCIÓN Y CREACIÓN

Una perspectiva cristiana

Ediciones Palabra
Madrid

© Jesús María Silva Castignani, 2025
© Ediciones Palabra, S.A., 2025
Ronda del Caballero de la Mancha, 59 – 28034 Madrid
Telf. (34) 91 350 77 20 - (34) 91 350 77 39
www.palabra.es
palabra@palabra.es

Diseño de cubierta: Equipo editorial
ISBN: 978-84-1368-472-7
Depósito Legal: M-11.860-2025
Printed in Spain - Impreso en España

JESÚS MARÍA SILVA CASTIGNANI

EVOLUCIÓN Y CREACIÓN

Una perspectiva cristiana

MUNDO Y CRISTIANISMO

*A José María Bermúdez de Castro,
Camilo J. Cela Conde, Francisco J. Ayala,
Juan Luis Arsuaga e Ignacio Martínez,
grandes apasionados de la evolución humana
y maestros en una ciencia que debe
abrirse a la posibilidad de la fe.*

ÍNDICE

PRÓLOGO

Hace casi dos millones de años, grupos de homininos comenzaron a desarrollar comportamientos que les iban otorgando una gran ayuda para sobrevivir, desenvolverse y expandirse. Crearon herramientas de piedra y de hueso para facilitar sus tareas, se organizaron en su entorno y desarrollaron métodos para aprovecharlo mejor. Pero también desarrollaron otra habilidad crucial: el cuidado mutuo. Algunos esqueletos muestran lesiones óseas que lograron curarse gracias, necesariamente, a la ayuda de otros. Este es el inicio de la compasión. Desde la Bioarqueología, al identificar estas prácticas de cuidado que forman parte del «paquete» de comportamientos humanos, reconocemos la necesidad de apoyarnos en otras disciplinas, como la antropología y la ética, para interpretarlas y narrar la historia de nuestros antepasados. La Bioarqueología del cuidado explora no solo el contexto social y cultural en el que surgieron estas acciones, sino también las motivaciones detrás de ellas.

En algún momento de nuestra evolución, estas prácticas pudieron integrarse en las comunidades homininas a través del apego grupal, las emociones y los afectos. Incluso llegaron a convertirse en decisiones morales compartidas que orientaban la vida social. Charles Darwin se preguntaba de qué manera comportamientos como la compasión, aparentemente debilitantes para quien los ejerce al requerir tiempo y recursos, lograron prosperar en la evolución humana. Sin embargo, estos gestos no solo favorecían la supervivencia y estabilidad del grupo, sino que permitían conservar y transmitir conocimientos, dotándolos de un valor que va más allá de lo práctico: podemos considerarlos una verdadera habilidad. Desde otras perspectivas del pensamiento, algunos ven en estos comportamientos el origen de la caridad o incluso del amor.

Mucho después, los primeros *Homo sapiens*, pero también otras especies humanas, comenzaron a realizar otra práctica asombrosa, la de molestarse en enterrar a sus muertos en posiciones especiales, a menudo acompañados de objetos simbólicos: herramientas, adornos, cornamentas de animales, pigmentos como el ocre y, en ocasiones, hogueras con posibles significados rituales. Entre estos enterramientos destacan los de individuos con patologías que, en vida, necesitaron cuidados especiales, lo que indica que también recibieron atención póstuma con algún significado. Curiosamente, se han hallado numerosos restos infantiles entre estos casos. Los niños, desde siempre, han ocupado un lugar central en el cuidado proporcionado por los adultos, más allá de las necesidades propias de la crianza.

La paleoantropología, que estudia el origen y evolución de nuestra especie y de las que nos precedieron, se plantea como una de sus preguntas fundamentales qué nos hace humanos. Aunque somos, indudablemente, animales pertenecientes al orden de los primates, no somos un animal cualquiera. En nuestra evolución, adquirimos conciencia de nosotros mismos, de nuestra libertad, tomamos decisiones morales, reflexionamos sobre el significado de la muerte y desarrollamos rituales en torno a ella. ¿En qué momento comenzaron a aparecer estos signos, y en qué especies humanas? Si bien el *Homo sapiens* los incorpora, no fueron exclusivos de nuestra especie, como demuestra el ejemplo de la compasión.

En ocasiones, una divulgación científica errónea descontextualiza hallazgos o exagera comportamientos de otros animales, proyectando en ellos características humanas excepcionales como si fueran comunes. Esto puede desviar el foco de las preguntas realmente relevantes, que requieren miradas transdisciplinares. Los paleoantropólogos estudiamos los orígenes y la evolución de los humanos y sus ancestros a través del análisis de fósiles, lo que incluye inferir e interpretar algo tan complejo como sus comportamientos y sus motivaciones. Para este trabajo, necesitamos el apoyo de muchas otras disciplinas, incluyendo arqueólogos, geólogos, genetistas, primatólogos, climatólogos, paleontólogos, químicos..., pero también filósofos, antropólogos sociales y teólogos, entre otros.

Durante siglos, el diálogo y las aportaciones conjuntas entre diversas disciplinas han enriquecido nuestra comprensión de la complejidad humana. Los ejemplos mencionados muestran cómo las perspectivas morales invitan a reflexionar sobre el cuidado, mientras que las religiosas ayudan a interpretar los rituales y creencias en torno a la vida y la muerte. Además, la antropología de las religiones ofrece un marco fascinante para explorar la inquietud humana por la trascendencia. A lo largo de la historia, ciencia y fe han ido explorando perspectivas próximas a sus fronteras para contribuir al entendimiento sobre quiénes somos y cuál es nuestro papel en la inmensidad del universo, en definitiva, por qué estamos aquí. Esta comprensión comienza con el deseo de entender, sin prefijar limitaciones a nuestra capacidad de avanzar. Recuerdo un foro sobre neandertales al que asistió un teólogo. Aunque inicialmente su participación generó comentarios prejuiciosos, su intervención resultó magistral, combinando apuntes sobre genómica, evolución humana y, por supuesto, teología. Este caso demuestra que el debate entre ciencia y fe está, quizá, demasiado condicionado por clichés.

Creo que este libro puede interesar tanto a creyentes como a no creyentes. A los primeros, los puede animar para repasar los conocimientos científicos de la evolución, especialmente ante la popularización de las noticias publicadas en este ámbito. Aunque haya un abuso de titulares sobre hallazgos que «obligan a reescribir la prehistoria», también suponen un impulso para profundizar y buscar una actualización de conocimientos. Para los segundos, ofrece una oportunidad de valorar las ideas religiosas y filosóficas planteadas desde un ángulo reflexivo. Dijo Aristóteles que «solo una mente educada puede entender un pensamiento diferente al suyo, sin necesidad de aceptarlo». En una sociedad ideologizada, donde las personas suelen aferrarse a ideas que confirman sus prejuicios, este libro promueve el diálogo. Aunque también invita a pensar sobre algunas hipótesis más provocadoras del autor, no es una guía para ofrecer respuestas absolutas sobre ciencia o fe, sino una presentación de cómo ambas abordan la condición humana desde planos paralelos. Solo desde una aproximación tranquila y respetuosa puede surgir un enriquecimiento mutuo, aunque esos planos nunca lleguen a cruzarse.

Roberto Sáez[1]

---

[1] Roberto Sáez es Doctor en Antropología, Máster en Ingeniería Industrial y divulgador científico, experto en evolución humana y en Bioarqueología del

INTRODUCCIÓN

Habitualmente, todos hemos oído el relato de la creación en la Biblia. Según el capítulo 1 del libro del Génesis, Dios creó el universo en siete días, y el sexto día crea al hombre. Según el capítulo 2, Dios crea el paraíso, después crea al varón del barro de la tierra, luego crea a los animales, y después crea a la mujer de la costilla de Adán. Estos relatos contienen ciertas contradicciones, ya que en uno Dios crea primero a los animales y luego al hombre y a la mujer; y, en el otro, Dios primero crea al hombre, luego a los animales y después a la mujer. Pero muchas veces la mayor parte de nosotros ni siquiera hemos caído en la cuenta de esta contradicción, y quizá hemos aceptado sin más que el relato del Génesis nos cuenta algo que sucedió literalmente así: Dios haciendo cada cosa de este mundo, y luego tomando barro de la tierra y dando forma al hombre, y al resto de animales. Quizá más o menos lo de

---

cuidado. Es autor del libro *Evolución humana: Prehistoria y origen de la compasión*, entre otras publicaciones. Es fundador del grupo de investigación sobre Bioarqueología del cuidado en idioma español, autor del blog Nutcracker Man y cofundador de la asociación Club de Ciencia Boadilla.

13

la costilla nos suena más raro y tampoco le hacemos mucho caso...

Por otra parte, también todos hemos oído hablar de la evolución. Quizá la hemos estudiado en el colegio, o hemos oído o visto algo al respecto. Se nos ha repetido hasta la saciedad el viejo eslogan: «El hombre viene del mono». Evidentemente, el concepto de evolución choca con lo que hemos oído sobre la creación de Adán y Eva, y puede que estemos un poco entre dos aguas. Quizá algunos piensan que lo de la evolución es una tontería que alguien, un tal Darwin, se ha inventado, y que en realidad no sucedió así. Otros toman el texto del Génesis literalmente, y desechan cualquier forma de evolución. O puede, quizá, que acepten eso de la evolución para los animales, pero no para los seres humanos, y piensan que nosotros sí que hemos sido creados directamente por Dios; nada de que «venimos del mono»; ¡menuda denigración!

Otros quizá piensan que las dos cosas son verdad, pero no saben muy bien cómo casarlas. No se lo preguntan mucho por si acaso, a ver si van a perder la fe; prefieren dejar esos temas como en una penumbra sin preguntarse demasiado. Otros quizá simplemente dan por sentado que nuestra especie, el *Homo sapiens,* es el primer ser humano, y piensan que Adán y Eva fueron los primeros *Homo sapiens,* y ya está. Otros desechan completamente las palabras del libro del Génesis y piensan que se trata de mitos que no tienen nada que ver con la realidad, y simplemente aceptan lo que les han explicado sobre la evolución, pensando que es imposible conciliar la ciencia y la fe; pero entonces quizá no saben explicar qué tiene de especial el ser humano o si hay alguna razón por la que haya aparecido, o qué pueden tener de verdadero los relatos de la Biblia y las verdades de la religión.

¿Existieron Adán y Eva? ¿Es verdad la evolución o no? ¿Cómo se pueden compaginar los relatos de la creación con la teoría de la evolución? ¿De verdad venimos del mono? ¿No va contra Dios aceptar la teoría de la evolución? ¿Cuándo existieron los primeros seres humanos? Si la evolución sucedió, ¿cómo entender el libro del Génesis? ¿Es mejor no pensarlo demasiado y dejarlo estar? ¿Son acaso los científicos los que nos tienen que decir cuándo aparecieron Adán y Eva, o si existieron? ¿O son los teólogos los que tienen que decirnos si la evolución es real o no?

En este libro vamos a acometer estas preguntas, y vamos a darles respuesta. Voy a hacer una propuesta, tan válida como cualquier otra, conciliando los datos de la ciencia y los de la fe, para mostrar esa compatibilidad entre evolución y fe cristiana. Se trata de un libro que va a hablar tanto de la fe como de la ciencia. No vamos a confundir los planos, pero sí vamos a compatibilizarlos de un modo perfectamente armonioso; porque ciencia y fe no están enfrentados, y no se pueden contradecir[1]. Pero vamos a proceder con una mirada crítica, ya que a veces hay evolucionistas que pretenden decir que los datos que tenemos acerca de la evolución demuestran que Dios no existe. Y hay también cristianos que dicen que eso de la evolución es una patraña y que es sencillamente mentira, y que hay que creerse literalmente todo lo que dice la Biblia tal cual lo dice.

Ambos tipos de personas se extralimitan de los campos propios de la ciencia y de la fe. Por eso vamos a explicarlo todo detenidamente, y, al final del libro, el lector verá que Dios hace las cosas muy bien, que todo tiene su razón de ser y que

---

[1] Cfr. JUAN PABLO II, Encíclica *Fides et ratio, sobre la relación entre fe y razón.*

ningún descubrimiento científico podrá jamás entrar en contradicción con la fe cristiana; del mismo modo que la fe cristiana no tiene nada que entre en contradicción con lo que la ciencia pueda descubrir.

Pido perdón al lector científico, pero he elegido un estilo deliberadamente divulgativo y simplificado. Voy a explicar las cosas del modo más sencillo posible, haciéndolas comprensibles a cualquier lector. Si alguien quiere profundizar en los datos científicos, puede consultar los libros que cito a pie de página. Voy a simplificar deliberadamente todas las expresiones del libro para que sean fáciles de leer y de entender. Pero que eso no os engañe. Detrás de este texto hay horas de estudio y miles de páginas de libros de arqueología, paleoantropología, neurología, etc. Pero creo que no será necesario el uso de términos demasiado técnicos. Einstein dijo que teníamos que aprender a expresar las cosas de un modo tal que, si nuestra abuela nos escuchase, lo entendiera. Ese es mi deseo, y espero haberlo conseguido.

CAPÍTULO 1

¿CREACIONISMO O EVOLUCIONISMO?

Primeras ideas evolucionistas

Comencemos por definir las cosas. ¿Cada una de las criaturas fue creada tal y como es por Dios, o hubo evolución de unas a otras? ¿El hombre fue creado por Dios directamente, o viene de la evolución? La primera postura se llama «fijismo». Es la teoría según la cual, los relatos de la Biblia son literales, y así hay que entenderlos. Es una teoría defendida sobre todo por los protestantes fundamentalistas de Estados Unidos. Ellos piensan que la teoría de la evolución es mentira, que no tiene fundamento; incluso algunos defienden que es un invento del demonio para engañarnos. Piensan que defender la evolución es ir contra Dios y contra la autoridad de su Palabra. Según ellos, cada especie es fija y fue creada como tal por una intervención directa de Dios, sin evolución.

La evolución, por otra parte, designa el proceso mediante el cual unas especies se han ido desarrollando a partir de otras, por cambios producidos en algunos aspectos de su anatomía o de sus genes. Según esta teoría, todos los seres proceden de unos pocos, o incluso de uno solo, que fue evolucionando y desarrollándose, y, con el tiempo, fue dando lugar a los diferentes géneros y especies. El primero que propuso la teoría de la evolución fue el filósofo griego Anaximandro, hace… ¡2 600 años! Aseguraba que los seres humanos proveníamos de especies anteriores, y propuso que las primeras criaturas habían vivido en el agua. Nadie le hizo caso, por supuesto. En su época, esta idea no debió de ser tomada muy en serio.

Como sabemos, después, en Occidente se extendió el cristianismo, y con su difusión, se dieron a conocer a todos las historias que el Antiguo Testamento contenía sobre la creación del mundo y del hombre. En realidad, todas las culturas tenían sus propios relatos sobre la creación de los seres humanos, pero más o menos todas sostenían que habían sido creados por los dioses. El cristianismo sitúa al ser humano como creado por el único Dios, y además, creado a su imagen. Los textos bíblicos fueron tomados en su sentido literal, aunque hubo algunas excepciones. San Agustín, el gran filósofo y doctor de la Iglesia, sostenía que no había que leer literalmente el Génesis, y al hablar de varios aspectos y contradicciones en la Sagrada Escritura, decía que el autor de determinados pasajes no pretendía hablar literalmente, por lo que era necesario interpretarlo del modo correcto[1]. Pero nunca habló de evolución, ni nada parecido.

Ningún autor lo hizo hasta el siglo IX, en que un erudito árabe que se llamaba Al-Jahid defendió que las características de los animales podían cambiar para adaptarse al entorno, y que estas características las podían heredar sus descendien-

---

[1] SAN AGUSTÍN, *De Genesi ad litteram.*

tes[2]. Y la verdad es que... nadie le hizo mucho caso. Su teoría pasó desapercibida, aunque fue apreciada por otros eruditos árabes. En general, todo el mundo creía que Dios había creado como tal cada especie y punto.

Las cosas fueron cambiando según llegamos a los siglos XVIII y XIX. Hubo un gran pensador francés que ayudó a extender las teorías de Newton, llamado Maupertuis. Él planteó que pequeñas modificaciones en los organismos podían acumularse con el tiempo y transmitirse a la descendencia, haciendo algunos estudios de lo que hoy llamaríamos «herencia genética»[3]. Otro francés, Georges-Louis Leclerc, defendió que toda la vida había evolucionado a partir de un ancestro único. Decía que los componentes básicos de la vida eran los mismos para todos los seres, que había «moléculas orgánicas» que se ensamblaban para crear organismos[4].

Estos autores influyeron en otro científico, más conocido, también francés, llamado Lamarck. Él decía que algunos órganos se podían desarrollar más o menos según las necesidades, y que esos cambios en los órganos se podían transmitir a los descendientes, dando lugar a cambios en la especie e incluso a nuevas especies. Defendía que los cambios en la naturaleza y en las especies tendían a hacerse más complicados[5]. Las ideas de estos autores influyeron en otro pensador inglés un poco posterior, Wallace. Este autor, en un ensayo que escribió tras una larga investigación por el archipiélago malayo y por el Amazonas, defendió que las variaciones que sucedían a

---

[2] AL-JAHID, *Kitab al-Hayawan (Libro de los animales)*.

[3] PIERRE-LOUIS MOREAU DE MAUPERTUIS, *Système de la nature (1750)*.

[4] GEORGES-LOUIS LECLERC, *Histoire naturelle, générale et particulière (1749–1804)*.

[5] JEAN-BAPTISTE LAMARCK, *Philosophie Zoologique (1809)*.

veces en individuos dentro de una especie les podían ayudar a adaptarse mejor al ambiente; así, el más adaptado podía sobrevivir. De este modo, al sobrevivir los más adaptados, transmitirían a sus descendientes los cambios que les hacían más aptos para vivir. Wallace llamó a este proceso «selección natural». Los individuos más capaces de adaptarse al entorno transmitirían sus características a sus descendientes, dando lugar a nuevas especies[6].

El famoso Darwin

Si has oído algo sobre evolución, probablemente habrás pensado: «Pero estas ideas de Wallace son las que todo el mundo dice que eran de Darwin». Esta es una cuestión controvertida y curiosa. Cuando Wallace escribió su ensayo, no lo publicó inmediatamente, sino que se lo envió... a Darwin. Según se dice, Darwin había llegado a las mismas conclusiones que Wallace por su cuenta, y, cuando recibió su ensayo, se apresuró a publicar su teoría de la evolución en el famoso libro *El origen de las especies*. Algunos dicen que Darwin se copió de Wallace, y que publicó antes que él para quedarse con el mérito; aunque lo cierto es que ambos compartieron el descubrimiento y presentaron juntos sus pensamientos a la comunidad científica. Pero todos sabemos que fue Darwin quien se quedó el mérito.

Él fue apoyado institucionalmente por importantes científicos de su época, lo cual le llevó a un gran reconocimiento por parte de la comunidad científica. Parte de su prestigio provenía de los círculos en los que se movía gracias a la fama de

---

[6] ALFRED RUSSEL WALLACE, *On the Tendency of Varieties to Depart Indefinitely from the Original Type (1858)*.

su abuelo, Erasmus Darwin, quien pertenecía a una sociedad secreta que en ese momento tenía mucha influencia en Londres[7]. Todo ello hizo que Darwin fuese aclamado como el gran creador de la teoría de la evolución. Darwin defendía las mismas ideas de Wallace. Las especies cambiaban, sobrevivían los individuos más aptos, y, al ser estos los supervivientes, transmitían a su descendencia sus características mejoradas, lo cual daba lugar, poco a poco, a nuevas especies. Darwin hablaba de la lucha por la supervivencia, aunque luego se le atribuyó también a él la expresión «selección natural», que provenía de Wallace.

El problema es que Darwin, en sus explicaciones, excluyó totalmente la acción de Dios. Se volvió agnóstico, y puede ser que acabase creyendo que Dios no existía. «La ciencia no tiene nada que ver con Cristo, excepto en la medida en que el hábito de la investigación científica hace que un hombre sea cauteloso al admitir evidencias. Por mi parte, no creo que haya habido nunca ninguna revelación. En cuanto a una vida futura, cada hombre debe juzgar por sí mismo entre probabilidades vagas y conflictivas»[8]. Según él, su teoría demostraba que no hacía falta ningún Dios, y eso llevó en la práctica a una gran crítica a los textos cristianos y a un ateísmo que fue defendido por sus partidarios y sus sucesores. Es importante darse cuenta de que esto fue una extralimitación. La ciencia puede ofrecer la teoría de la evolución, pero no debería decir que eso demuestre que Dios no existe, o que no actúa. Dios podría actuar perfectamente a través de la evolución, como

---

[7] https://themasons.org.nz/div/johnbg/FF_Erasmus.html?utm_source =. Consultado el 9 de enero de 2025.

[8] De una carta de Darwin de 1887, tomado de Wikipedia, consultado el 14 de enero de 2025.

veremos. Pero los darwinistas insisten en que la creencia en la evolución debe conducir al ateísmo[9]. De aquí procede el que muchos cristianos rechacen la teoría de la evolución.

Evolución vs. darwinismo

Pero tenemos que distinguir entre evolución y darwinismo. No son exactamente lo mismo. La teoría de la evolución defiende que unas especies proceden de otras anteriores, que sufren cambios y dan lugar a nuevas criaturas. Existen muchas teorías que intentan explicar cómo y por qué se producen esos cambios; una de ellas es el darwinismo. San Juan Pablo II ya indicó que no debería hablarse de una teoría de la evolución, sino de distintas teorías de la evolución[10]. Aunque el darwinismo sea la más extendida y la más defendida en el mundo científico, no quiere decir que sea la única ni que lo explique todo.

Para comprenderlo mejor, expliquemos el *neodarwinismo.* Se llama así porque conjuga las antiguas ideas de Darwin con los nuevos descubrimientos de la genética. Según esta teoría, a veces suceden mutaciones aleatorias, casualidades, que producen un cambio en la especie. Si este cambio le ayuda a adaptarse mejor, se transmite a la descendencia, dando lugar, después de cierto tiempo, a una nueva especie. Según esta teoría, la evolución sería el efecto de la casualidad y del azar. No admite que haya un diseño en la naturaleza o que la evolución haya tenido lugar por algún motivo, ni que Dios

---

[9] Este tema ha sido sobradamente demostrado y rebatido por Daniel Iglesias Grèzes, *Soy amado, luego existo. Darwinismo, diseño inteligente y fe cristiana* (Vita Brevis, 2021).

[10] San Juan Pablo II, *Mensaje a los miembros de la Academia Pontificia de las Ciencias (1996),* 4–5.

haya intervenido de ninguna manera para dar lugar a que existiésemos nosotros. Esta teoría insiste en que somos una casualidad, un animal más, solo que con un cerebro más desarrollado.

Esta teoría ha sido asumida y difundida por científicos ateos, creyendo que demuestra que Dios no existe y que el ser humano no es especial. Por un lado, los autores neodarwinistas asumen un presupuesto que no es científico, sino filosófico: asumen que solo existe el mundo material y que Dios no existe ni actúa[11]. Pero además los autores neodarwinistas pasan por alto la gran evidencia de diseño que existe en la naturaleza: todo está ordenado de tal manera que el universo parecía estar esperándonos, diseñado precisamente para que pudiéramos existir. Además, estos autores no aceptan que puede haber otros modos en que la evolución avance; o incluso que Dios ha podido querer que el proceso por el cual llegásemos a existir nosotros fuera precisamente el de la evolución.

De hecho, el neodarwinismo no consigue explicar de un modo perfecto cómo y por qué ha sucedido la evolución. La mayor parte de las personas que asumen el neodarwinismo lo hacen, o bien porque asumen que es la teoría más plausible al ser la más extendida, o bien porque eso les permite una explicación atea de la realidad. Todo ello ha sido desmontado de un modo muy interesante por Daniel Iglesias Grèzes en su libro *Soy amado, luego existo*. Si quieres profundizar en la crítica al neodarwinismo, te lo recomiendo.

Dios puede haber creado las cosas perfectamente a través de la evolución. Cuando constatamos que la evolución seguramente ha sucedido, debemos conciliarla con las verdades de

---

[11] Daniel Iglesias Grèzes, *Soy amado, luego existo*, 126–127.

la fe, no negarla. Pero no debemos aceptar los presupuestos ateos de ninguna teoría que excluya la acción de Dios. Así lo expresó san Juan Pablo II: «Las teorías de la evolución que, en función de las filosofías en las que se inspiran, consideran que el espíritu surge de las fuerzas de la materia viva o que se trata de un simple epifenómeno de esta materia, son incompatibles con la verdad sobre el hombre. Por otra parte, esas teorías son incapaces de fundar la dignidad de la persona»[12]. Expresado de un modo más sencillo: si una teoría de la evolución se basa en una perspectiva atea e intenta demostrar que Dios no existe y que el hombre no tiene alma, se está extralimitando de su campo y es engañosa. Además, al considerar al hombre como un animal más, pone en peligro que se defienda la dignidad especial de cada persona. El alma del hombre no surge sin más por el hecho de que la organización material del cuerpo se haga más compleja.

El creacionismo y el evolucionismo *no son conceptos contrapuestos.* Dios puede haber creado a través de la evolución. No debemos confundir el creacionismo con el fijismo, que dice que Dios ha creado cada especie como es actualmente, y que hay que leer el libro del Génesis de un modo literal. Por desgracia, aún hoy en la catequesis y en las clases de religión se explican los relatos del Génesis como si fueran literales, y no se hace ningún tipo de alusión a su carácter simbólico. Tampoco se insiste en que estos relatos y la teoría de la evolución son compatibles porque se refieren a planos distintos.

Tampoco debemos confundir el evolucionismo con el neodarwinismo. El evolucionismo defiende que unas especies

---

[12] San Juan Pablo II, *Mensaje a los miembros de la Academia Pontificia de las Ciencias (1996)*, 5.

proceden de otras por evolución. Esto se puede aceptar perfectamente, y no hace falta entenderlo como si Dios no tuviera nada que ver con la aparición del ser humano. Pero muchos neodarwinistas intentan explicar esa evolución excluyendo completamente la acción de Dios. Los cristianos, como veremos enseguida, podemos defender un creacionismo evolucionista. La evolución no excluye la acción de Dios; de hecho la exige, porque sabemos que Dios es el Creador de todas las cosas. Y nos consta que el universo entero, y la vida en particular, tienen un diseño que reclama un Creador.

Fijismo: defiende que Dios ha creado todas las especies tal y como son, y que los textos del Génesis son literales. Es incompatible con las evidencias científicas y no es lo que necesariamente debe creer un cristiano.

Creacionismo: defiende que Dios ha creado todas las cosas, pero lo ha podido hacer de muchos modos, como, por ejemplo, a través de la evolución.

Evolucionismo: defiende que unas especies proceden de otras a través de cambios que se transmiten a los descendientes. Hay varias teorías que intentan explicar cómo y por qué suceden estos cambios.

Neodarwinismo ateo: defiende que la evolución sucede por azar y casualidad y que no tiene ninguna finalidad, y que, por tanto, solo somos un animal más que ha surgido por mera casualidad. Al ser una ideología atea y que niega lo específico y especial del ser humano, no puede ser aceptada por los cristianos.

La selección natural

El mecanismo que, según los neodarwinistas, explica mejor la evolución es la selección natural. Expliquemos esta teoría.

Una mutación genética puede cambiar un aspecto externo de un animal, como tener una aleta más ancha, o un pico más largo que los demás animales de su especie. Teóricamente, si hay una mutación genética que da lugar a unos individuos que se adaptan mejor al medio ambiente, estos animales serán más aptos para la supervivencia, de modo que sobrevivirán más fácilmente que los demás. De este modo, sus genes se extienden mientras que los de los otros animales que no tienen la mutación no se extienden tanto. Según esta teoría, al cabo de un tiempo, los animales mutados darían lugar a una nueva especie que se adapta mejor a la naturaleza, y entonces sobrevive. La naturaleza «selecciona» a los individuos más aptos y hace que estos prosperen. Esta explicación es una simplificación, obviamente.

Esta teoría es muy sugerente. Pongamos un ejemplo. Una mutación hace que algunas jirafas tengan el cuello más alto, de modo que llegan a más alimentos que las demás. Llega un periodo de sequía, y hay menos plantas bajas para las jirafas no mutadas, mientras que las jirafas mutadas llegan a más alimento y así consiguen alimentarse mejor y sobrevivir. La población de jirafas pequeñas se va haciendo cada vez menos numerosa por falta de alimento, mientras que las jirafas más altas, al sobrevivir por tener acceso a más comida, se reproducen y extienden sus genes. Al cabo de un tiempo, las jirafas de cuello alto sobreviven mejor que las jirafas de cuello bajo. Así se formaría una nueva especie, porque, teóricamente, o bien las jirafas de cuello bajo se extinguirían, o bien llegaría un momento en que las jirafas de cuello alto ya no podrían tener descendencia con las jirafas de cuello bajo. Esto sería debido a que, con los cambios en el ADN, estas dos especies ya no podrían producir descendencia fértil. El mecanismo de la mutación y la selección natural se aceleraría si, por cualquier circunstancia, una población de jirafas quedase aislada del resto. En ese momento se habría producido una nueva especie a partir de una anterior.

En este ejemplo, suponiendo muchas cosas, es el proceso de mutación y selección natural el que da lugar a una nueva especie. Es perfectamente posible que este mecanismo funcione así. Sin embargo, hay algunas cuestiones a las que no responde claramente: ¿Por qué se dan las mutaciones? ¿Por qué se dan en varios individuos a la vez? ¿Cómo exactamente esas mutaciones no se pierden por el cruce con otros individuos no mutados? ¿Por qué hay especies menos adaptadas que no se han extinguido? ¿Por qué hay momentos en los que la evolución parece dar «saltos»? Una de las cosas que suelen afirmar muchos neodarwinistas es que los cambios son poco a poco, graduales, casi imperceptibles. Sin embargo, este gradualismo ha sido puesto en duda. De hecho, hay especies que se mantienen durante mucho tiempo sin cambios sustanciales, pero de pronto, por motivos que no conocemos, empiezan a cambiar y a dar lugar rápidamente a otras especies. En muchos casos se supone que una especie mutada acaba suplantando a otra, pero no está claro por qué. Se presupone que es porque se ha adaptado mejor. Pero existen casos en los que han aparecido diferentes especies y ninguna ha suplantado a la otra. Tampoco para esto hay una explicación clara.

En el registro fósil no hallamos huellas de ese cambio tan gradual. Lo que hemos encontrado son muchas veces individuos de una especie que ha surgido sin que sepamos muy bien cómo, y a veces de un modo bastante abrupto. Es cierto que no podemos pretender ver todo el proceso de la evolución, pero también es cierto que la evidencia fósil arroja algunas dudas sobre los mecanismos evolutivos que muchas veces se dan por sentados. En todo caso, la propuesta de la mutación y la selección natural no puede demostrar que no exista una acción de Dios en el mecanismo de la evolución, incluso aunque se acabase demostrando que este fuese el único modo de evolución.

Un ejemplo que los neodarwinistas ponen a veces es el de las polillas en Gran Bretaña. Hay una raza de polillas en las que algunas son amarillas y otras son marrones. Cuando empezó la revolución industrial en Inglaterra, se vio que la población de polillas amarillas disminuía, mientras que la población de polillas marrones aumentaba. Esto era debido a que, con la cantidad de humo que se producía en las ciudades, las polillas marrones eran menos visibles a los pájaros, y estos se comían a las polillas amarillas pero no a las marrones, porque no las veían. Pero este caso no explica la aparición de una nueva especie. Simplemente explica por qué las polillas marrones sobrevivieron en más cantidad que las amarillas. Estas polillas seguían apareándose entre ellas, y no se produjo ninguna mutación que diera lugar a un tipo de polilla distinta, evolucionada. Solo cambió la proporción de colores en las polillas.

Esto no demuestra que la selección natural no funcione. Solo quiero recalcar que es una teoría, y que si se intenta utilizar como un mecanismo para explicar que la naturaleza no tiene una finalidad, que Dios no interviene en ella o que Dios no existe, se está extralimitando. En mi opinión, probablemente la evolución es algo mucho más complejo que el mecanismo de la mutación y la selección natural. Es muy posible que haya muchos más factores que intervengan en la producción de nuevas especies, entre los cuales, por supuesto, puede estar el diseño divino. Creer en la evolución no implica creer que somos el fruto del azar o que la naturaleza no sigue un camino diseñado por Dios en sus mecanismos. Incluso aunque la selección natural fuese el único mecanismo por el que las especies evolucionan, Dios podría haberse valido perfectamente de él para crear todas las criaturas y dar lugar al ser humano. «No somos el producto casual y sin sentido de la evolución. Cada uno de nosotros es el fruto de un pensamiento de Dios. Cada uno de nosotros es querido, cada uno es amado, cada uno es necesario»[13].

No estoy diciendo que Dios haya intervenido directamente cada vez que algo ha cambiado en la naturaleza. El poder y el conocimiento de Dios pueden haberlo hecho todo perfectamente de modo que el ser humanos apareciese a través de una cadena de causalidades que pueden parecer casuales. Imagina una persona que ha dispuesto un montón de fichas de dominó de diferentes colores, una detrás de otra, haciendo un inmenso dibujo. Empuja la primera ficha y todas van cayendo, una detrás de otra, dando lugar a un espectáculo de color que va formando diferentes figuras, algunas simplemente por puro adorno, y otras para mover otras fichas que comienzan nuevos procesos más adelante. El hecho de que las fichas de dominó caigan simplemente por el impulso de la primera no quiere decir que no hayan sido diseñadas ni colocadas por alguien precisamente para seguir ese desarrollo. Algo parecido sucede con la evolución. Por mucho que siga cadenas causales que parecen proceder del azar, no dejan de

---

[13] Benedicto XVI, *Homilía al inicio de su pontificado* (24 de abril de 2005).

ser signo de un impresionante diseño, sobre todo cuando se ven con perspectiva.

Conclusión

Evolución y creacionismo no son incompatibles. La teoría de la evolución, aunque había sido defendida por otros autores anteriores, se popularizó a través de la figura de Charles Darwin. Esta teoría enseguida se usó para criticar a la Iglesia y los textos cristianos, y para intentar demostrar que Dios no existe y que, por tanto, no tiene ningún papel que desarrollar en la aparición del hombre sobre la tierra. Pero esto fue una extralimitación de un descubrimiento científico, que no puede demostrar de ningún modo la existencia o inexistencia de Dios. Tampoco puede demostrar que la creación no haya sido diseñada, ni que la evolución no tenga un propósito. Es una afirmación filosófica, no científica; y no puede deducirse de los datos que maneja el darwinismo.

El neodarwinismo es una teoría de la evolución, pero no es la única, aunque sea la más aceptada. Además, hay muchas preguntas que no consigue responder. Puede que la selección natural y la mutación aleatoria no sean el único modo de evolución que existe. De todos modos, Dios se puede haber valido de la evolución, y de la mutación y la selección natural, para llevar adelante su creación.

Uno puede elegir ser fijista, es decir, pensar que Dios ha creado cada especie tal y como es y negar la evolución, pero estaría yendo contra una gran cantidad de evidencias científicas que muestran que las especies evolucionan, aunque no puedan explicar de un modo satisfactorio cómo. Un fijista tendría que dar explicación de la cantidad de fósiles que tenemos de especies humanas extintas. La propuesta fijista no es científicamente aceptable; y un cristiano no tiene por qué ser fijista. Puede aceptar perfectamente que Dios ha llevado adelante su creación a través de la evolución.

CAPÍTULO 2

¿QUÉ DICE LA IGLESIA SOBRE LA EVOLUCIÓN?

En el capítulo anterior hemos visto que, cuando se divulgó la teoría de la evolución, se hizo desde una perspectiva atea. El ateísmo es una postura filosófica y no científica, pero a veces los científicos se extralimitan de su campo y hacen afirmaciones filosóficas. Este fue el caso del darwinismo, que también actualmente es la teoría de la evolución más extendida. Por eso ha habido muchas veces por parte de los cristianos una cierta reticencia a aceptar la evolución. Por otra parte, hemos señalado que las evidencias científicas nos muestran que sí que ha sucedido una evolución. También hemos visto que no es imposible que Dios haya podido utilizar la evolución para llevar a cabo su plan de creación. Pues bien, ¿qué ha dicho la Iglesia sobre la evolución? ¿Un cristiano puede aceptarla? ¿Debe hacerlo? ¿Es posible realmente leer la Biblia de un modo que no sea literal?

Cómo leer la Biblia

La Iglesia católica, en su Magisterio, ha expresado claramente que no todos los textos del Antiguo Testamento deben considerarse históricos, particularmente los primeros once capítulos del libro del Génesis[1]. «El autor sagrado que escribió los primeros capítulos del Génesis no tenía la intención de enseñar científicamente la constitución íntima de las cosas visibles y el orden completo de la creación, sino que más bien quiso dar a su pueblo un relato popular conforme al lenguaje común de sus contemporáneos, y adaptado a los sentimientos y a la capacidad de los hombres. Por tanto, debemos buscar en él la propiedad del lenguaje científico»[2]. Los autores de estos textos recogieron tradiciones milenarias que circulaban en los recuerdos del pueblo de Israel, y también de otros pueblos del Mediterráneo. La creación de los hombres por los dioses, incluso del barro de la tierra, aparecen en otras tradiciones religiosas. Muchas culturas antiguas tienen recuerdo de un diluvio, como la cultura Sumeria. Las historias de gigantes o héroes están presentes prácticamente en todas las culturas. Se trata de mitos, que el autor del libro del Génesis, inspirado por Dios, quiso usar para expresar, no verdades científicas, sino verdades teológicas y religiosas.

«Estos textos tienen un alcance sobre todo religioso y teológico. No se pueden buscar en ellos elementos significativos desde el punto de vista de las ciencias naturales. Las investigaciones sobre el origen y desarrollo de cada una de las especies en la naturaleza no encuentran en esta descripción norma al-

---

[1] Ver sobre todo Pontificia Comisión Bíblica, *Las fuentes del Pentateuco y el género literario de los once primeros capítulos del Génesis (1948)*. Ver también León XIII, *Providentissimus Deus*; Pío XII, *Humani generis*; Concilio Vaticano II, *Constitución Dei Verbum*; Catecismo de la Iglesia Católica, 110ss; Juan Pablo II, *Audiencia General del 29 de enero de 1986; Discurso a la Pontificia Academia de las Ciencias (1996)*; Comisión Teológica Internacional, Comunión y Servicio (2005).

[2] Cfr. Pontificia Comisión Bíblica, *Sobre el carácter histórico de los tres primeros capítulos del Génesis (1909)*, VII.

guna "vinculante", ni aportaciones positivas de interés sustancial. Más aún, la teoría de la evolución natural, siempre que se la entienda de modo que no excluya la causalidad divina, no contrasta con la verdad acerca de la creación del mundo visible tal como se presenta en el libro del Génesis»[3].

En concreto, refiriéndose a los textos que hablan de la creación del hombre, el papa señala que pretenden enseñar algunos elementos importantes desde el punto de vista de la fe, no de la ciencia:

1°. Dios creó el mundo por sí solo. El poder creador no es transmisible.

2°. Dios creó el mundo por propia voluntad, sin coacción alguna exterior ni obligación interior. Podía crear y no crear; podía crear este mundo u otro.

3°. El mundo fue creado por Dios en el tiempo, por lo tanto, no es eterno: tiene un principio en el tiempo.

4°. El mundo, creado por Dios, está constantemente mantenido por el Creador en la existencia. Este «mantener» es, en cierto sentido, un continuo crear[4].

Aquí el papa resume las cuatro grandes enseñanzas que el libro del Génesis quiere hacer sobre la creación: Dios creó el mundo por sí mismo, libremente, en el tiempo, y es mantenido en la existencia por Él.

En el libro del Génesis, entonces, se recogen antiguos relatos que se ponen al servicio de las verdades de la fe; pero

---

[3] San Juan Pablo II, *Audiencia General del 29 de enero de 1986*, 3.
[4] Ibid., 5.

no pretenden ser explicaciones científicas sobre cómo sucedieron las cosas en la naturaleza. Hemos de leerlos tratando de encontrar el sentido con el que los autores los escribieron, interpretados a la luz de la Tradición de la Iglesia, interpretándolos adecuadamente, sin hacerles decir lo que no quisieron decir. La interpretación de estos textos no puede ser literal, porque el objetivo de los escritores no era darnos clase de ciencias, sino explicar verdades de fe[5]. Es necesaria una interpretación teológica, que tenga en cuenta el tipo de relato que es el de la creación.

Esto no quiere decir que cada uno pueda leer la Biblia como le dé la gana. Necesitamos estar en comunión con la Iglesia y dejarnos guiar por su Magisterio para poder comprender el verdadero sentido de los textos, porque solo la Iglesia ha recibido de Dios el don de interpretar adecuadamente la Sagrada Escritura a la luz de la Tradición[6]. «Conviene delimitar bien el sentido propio de la Escritura, descartando interpretaciones indebidas que le hacen decir lo que no tiene intención de decir. Para delimitar bien el campo de su objeto propio, el exégeta y el teólogo deben mantenerse informados acerca de los resultados a los que llegan las ciencias de la naturaleza»[7]. Y, precisamente, cuando la Iglesia habla de estos primeros capítulos del libro del Génesis, no nos dice que debamos leerlos en su sentido literal, sino en su sentido teológico. A partir del capítulo 12, en que comienza la historia de Abraham, el libro del Génesis cambia de registro, y empieza a narrar hechos his-

---

[5] Catecismo de la Iglesia Católica, 109ss.

[6] Cfr. Concilio Vaticano II, *Constitución Dei Verbum*.

[7] San Juan Pablo II, *Discurso a los miembros de la Academia Pontificia de las ciencias* (1996), 3.

tóricos, situados en el espacio y en el tiempo. Antes de eso, el libro recoge tradiciones antiguas para explicar verdades de fe.

Los géneros literarios

No es lo mismo un mito que un poema, o una carta que un relato. Cada uno de estos textos tiene un *género literario*. Y no todos los géneros literarios son históricos. Los salmos, que son poemas, pertenecen al género literario de la lírica, no de la historia. El Apocalipsis corresponde al género literario de las visiones. Las cartas de Pablo pertenecen al género literario epistolar. Los libros de los Reyes pertenecen al género histórico. Y así podemos ir clasificando cada uno de los textos de la Biblia, al igual que, por ejemplo, en los evangelios hay parábolas, enseñanzas, hechos, etc. Las parábolas no son hechos históricos que sucedieron, mientras que el relato de la Pasión no es ninguna parábola, sino un hecho real. No debemos confundir unos géneros literarios con otros.

La Iglesia enseña que el sentido primero que hay que tener en cuenta es el sentido literal[8]. Pero eso no quiere decir que todo lo que digan los autores sagrados pretenda ser histórico. Por ejemplo, en Génesis 1 y en Génesis 2 tenemos dos relatos diferentes de la creación, como ya hemos señalado. Estos relatos *son incompatibles entre sí*. ¿Acaso el autor del libro del Génesis no se dio cuenta de que estaba poniendo uno junto a otro dos textos que se contradecían? Por supuesto que sí. Pero es que el autor de este libro no pretendía que estos relatos pasasen por históricos. Su intención principal era enseñar la verdad teológica sobre la creación. Sin embargo, estas historias eran tradiciones importantes para su pueblo, conser-

---

[8] Catecismo de la Iglesia Católica, 116.

vadas desde antiguo de generación en generación, y por eso quiso poner ambos relatos de la creación por escrito, aunque no fueran coincidentes.

Recordemos lo que recogen los once primeros capítulos del libro del Génesis:

— La creación en siete días.

— La creación del hombre del barro de la tierra y de la mujer de la costilla de Adán.

— La tentación de la serpiente y la expulsión del paraíso.

— El relato de Caín y Abel.

— La corrupción de la tierra, la existencia de los héroes de la antigüedad y los gigantes.

— El diluvio universal.

— La torre de Babel.

Estos son relatos con un fuerte sabor mitológico y, como hemos señalado, algunos coinciden con mitos de otras culturas de la antigüedad. Sin embargo, los teólogos preferimos decir que son relatos *etiológicos,* es decir, que se usan para expresar *las causas* de ciertas cosas desde el punto de vista teológico. Por ejemplo, la torre de Babel trata de explicar la diversidad de lenguas y por qué los hombres no se entienden entre ellos. El relato de Caín y Abel trata de demostrar las consecuencias del pecado original en los hijos de Adán y Eva.

¿Eso significa que nada de lo que dicen estos textos sucedió? Tampoco se trata de eso. Estos relatos recogen tradiciones antiquísimas que habían quedado en la memoria colectiva de la humanidad y que podrían reflejar hechos históricos. Quizá hubo una catástrofe global que pudo dejar la memoria del diluvio. Quizá hubo una especie de torre con la que los hombres querían alcanzar el cielo. Es difícil saberlo, pero eso no es lo importante. En la última parte del libro nos aproximaremos a estas ideas del libro del Génesis y trataremos de ver si hay algunos eventos que hayan podido dar lugar a esos relatos.

Pero en lo que se refiere al tema principal del libro, hemos de fijarnos en los capítulos 1 y 2 del Génesis, que no pretenden ser relatos históricos. No pretenden enseñar que Dios creó en siete días, o que la mujer proceda de la costilla del hombre. Pretenden enseñar verdades religiosas, no científicas. Por eso la Iglesia ha enseñado con toda claridad que la teoría de la evolución no está en contra de las enseñanzas de la Biblia, y que es perfectamente compatible con la fe cristiana.

Abiertos a la evolución

En 1950 había pasado casi un siglo desde las publicaciones de Darwin, y ya se había sosegado el clima anticristiano que habían propiciado los darwinistas. La arqueología y la paleoantropología habían hecho descubrimientos sorprendentes. Se habían encontrado restos fósiles de especies que no eran como el *Homo sapiens,* sino que se habían desarrollado de otra manera, aun siendo también otro tipo de hombres: los *Homo erectus,* los neandertales, etc. Las evidencias que se iban encontrando iban siendo cada vez más numerosas. Era el momento de que la Iglesia expresase cómo se debía proceder respecto a la teoría de la evolución, ya que muchos científicos cristianos estaban también investigando sobre estos hallazgos y su posible significado evolutivo. Entonces el papa Pío XII publicó la encíclica *Humani generis,* que, entre otras cosas, invita a los científicos cristianos a investigar la hipótesis de la evolución, admitiendo que no se opone en ningún caso a la fe cristiana.

> El Magisterio de la Iglesia no prohíbe el que —según el estado actual de las ciencias y la teología— en las investigaciones y disputas, entre los hombres más competentes, sea objeto de estudio la doctrina del evolucionismo, en cuanto busca el origen del cuerpo humano en una materia viva preexistente —pero la fe católica manda defender que las almas son creadas inmediatamente por Dios—. Mas todo ello ha de hacerse de manera que las razones de una y otra opinión —es decir, la defensora y la contraria al evolucionismo— sean examinadas y juzgadas seria, moderada y templadamente[9].

Este texto de Pío XII dio un impulso a los estudios de los científicos cristianos sobre los pasos evolutivos que se habían dado en la historia del ser humano. Los hallazgos realizados llevaron a san Juan Pablo II a dar un paso más y hacer una declaración que mostraba que la evolución no era solo una hipótesis que se pudiera descartar sin más. «La encíclica *Humani generis* consideraba la doctrina del evolucionismo como una hipótesis seria, digna de una investigación y de una reflexión profundas (…). Hoy, casi medio siglo después de la publicación de la encíclica, nuevos conocimientos llevan a pensar que *la teoría de la evolución es más que una hipótesis*. En efecto, es notable que esta teoría se haya impuesto paulatinamente al espíritu de los investigadores, a causa de una serie de descubrimientos hechos en diversas disciplinas del saber. La convergencia, de ningún modo buscada o provocada, de los resultados de trabajos realizados independientemente unos

---

[9] Pío XII, *Humani generis,* 29.

de otros, constituye de suyo un argumento significativo en favor de esta teoría»[10].

San Juan Pablo II reconocía, ante la evidencia de tantos datos arqueológicos, que la evolución era más que una hipótesis, a la que distintas ciencias llegaban independientemente por caminos distintos. La Iglesia acepta que Dios ha podido crear el cuerpo de los seres humanos mediante la evolución a partir de especies anteriores; pero señala que en el ser humano se da un salto ontológico que la ciencia no puede medir; y que el alma, espiritual e inmortal, ha sido creada directamente por Dios, y no surge de la materia ni proviene de los padres[11]. Desde entonces, la evolución *no ha sido cuestionada por la Iglesia*, sino que más bien es algo que se ha dado por supuesto en el Magisterio de los papas siguientes; si bien siempre la Iglesia ha hecho hincapié en que no se puede aceptar una concepción atea y materialista de la evolución que niegue la acción de Dios en la creación.

¿Cómo creó Dios?

Ya hemos establecido que fe y evolución son compatibles, y que la Iglesia ha aceptado la evolución como más que una hipótesis, podríamos decir, como un hecho difícilmente rebatible. Pero entonces, ¿cómo se conjuga la teoría de la evolución con la creación por parte de Dios? ¿Es Dios un «relojero» que ha creado el mundo, le ha dado cuerda y, luego, se ha olvidado de él? ¿O ha intervenido en la aparición de las diferentes especies cada vez que aparecían? ¿Simplemente se limitó a

---

[10] San Juan Pablo II, *Discurso a los miembros de la Academia Pontificia de las ciencias* (1996), 4.

[11] Cfr. Catecismo de la Iglesia Católica, 366.

esperar a que apareciese la primera especie humana y entonces le insufló un alma inmortal?

Según la tesis científica más aceptada, hace quince mil millones de años se dio en el universo una explosión conocida como *Big Bang,* y desde entonces continúa expandiéndose y enfriándose. Posteriormente se dieron las condiciones para la formación de los átomos, y en una época posterior tuvo lugar la condensación de las galaxias y de las estrellas, seguida, unos diez mil millones de años después, de la formación de los planetas. En nuestro Sistema Solar y sobre la Tierra (formada hace unos cuatro mil quinientos millones de años) se crearon las condiciones favorables para la aparición de la vida. Si, por una parte, los científicos se dividen en lo referente a la explicación del origen de esta primera vida microscópica, la mayor parte está de acuerdo en afirmar que el primer organismo vivió en este planeta hace entre tres mil quinientos y cuatro mil millones de años.

Dado que se ha demostrado que todos los organismos vivos de la Tierra están genéticamente conexos entre sí, *es prácticamente cierto que descienden todos de aquel primer organismo.* Los resultados convergentes de numerosos estudios en ciencias físicas y biológicas tienden cada vez más a recurrir a una cierta teoría de la evolución para explicar el desarrollo y la diversificación de la vida sobre la Tierra, *aun cuando hay todavía divergencias respecto a los tiempos y mecanismos de la evolución.* Ciertamente, la historia de los orígenes humanos es compleja y caben revisiones, pero la antropología física y la biología molecular inducen a pensar que el origen [del ser humano actual] hay que buscarlo en África hace unos ciento cincuenta mil años entre una población humanoide con ascendencia genética común. En cualquiera de las explicaciones, el factor decisivo en los orígenes del hombre ha sido el continuo aumento de las dimensiones del cerebro, que dio lugar finalmente al *Homo sapiens*[12].

Dios creó todo de la nada. Primero creó el tiempo. En un mundo espiritual e intangible, creó a los ángeles. Después, creó el mundo material. Pero no se desentendió del mundo que creó. Dios conserva el mundo en el ser, está presente en él, y ejerce sobre él una creación continua y una providencia que lo conserva y lo desarrolla. Creó el mundo con un diseño impresionante y sobrecogedor, y planeó todo para que el desarrollo del universo diese lugar a la vida, y, en particular, a nosotros, como en el ejemplo de las fichas de dominó que hemos puesto más arriba. La palabra latina *evolutio* significa «desenvolvimiento». El mundo, creado por Dios, se va «desenvolviendo», desarrollando conforme a su plan, dando lugar a toda la variedad de sustancias, moléculas, seres vivos, etc. Pero su finalidad, la finalidad de este desenvolvimiento era *crearnos a nosotros.*

Realizada la creación, Dios no abandona su criatura a ella misma. No solo le da el ser y el existir, sino que la mantiene a cada instante en el ser, le da el obrar y la lleva a su término. Reconocer esta dependencia completa con respecto al Creador es fuente de sabiduría y de libertad, de gozo y de confianza. La creación tiene su bondad y su perfección propias, pero no salió plenamente acabada de las manos del Creador. Fue creada «en estado de transición» hacia una perfección última todavía por alcanzar, a la que Dios la destinó. Llamamos divina providencia a las disposiciones por las que Dios conduce la obra de su creación hacia esta perfección. El testimonio de la Escritura es unánime: la solicitud de la divina providencia es concreta e inmediata; tiene cuidado de

---

[12] Comisión Teológica Internacional, Comunión y Servicio (2004), 63.

todo, de las cosas más pequeñas hasta los grandes acontecimientos del mundo y de la historia[13].

Dios guía la creación hasta la aparición del hombre, la única criatura en la tierra que Dios ha amado por sí misma[14]. El hombre es creado a imagen de Dios, con un alma espiritual e inmortal directamente creada por el Señor. Dios dispuso que la vida surgiera y evolucionara para dar lugar al ser humano, que es la cumbre de la creación, para el cual Dios ha creado todo lo que existe. Por eso el ser humano es más que un animal: es una criatura «parecida» a Dios (a su imagen) y llamada a ser semejante a Él, es la única criatura terrena capaz de Dios, llamada a la filiación divina: a ser hijo de Dios.

Por tanto no importan los mecanismos mediante los cuales la evolución se produzca: todo ha sido prediseñado por Dios con un objetivo claro: crearnos a nosotros. En la creación hay muchas especies que han cambiado y que parece que están «mal hechas»; o una gran profusión de ramas que se extinguieron y no llegaron a nuestros días. Como en el ejemplo de las fichas de dominó, es como si el autor hubiera hecho filas de fichas que se desgajan de la principal y forman alguna figura o adorno. No continúan la reacción en cadena, pero conforman una belleza que es parte del arte con el que se han dispuesto las fichas. La cuestión es que la cadena sigue adelante hasta el final. Y que, en todo caso, a alguien que viese el camino que han recorrido todas las fichas que han ido cayendo, le quedaría claro que alguien muy habilidoso ha diseñado todo el conjunto.

---

13 Catecismo de la Iglesia Católica, 301–303.
14 Concilio Vaticano II, *Gaudium et spes*, 24.

El finalismo

En teología hablamos de una causa primera, que es Dios; y de causas segundas, que son las criaturas a través de las cuales Dios lleva adelante su voluntad[15]. En este caso, diríamos que la causa primera del hombre es Dios, y que la causa segunda de la que se ha valido Dios para que el hombre llegue a existir es la evolución de unas especies a partir de otras. Dios guía el surgimiento de la vida y su desarrollo y evolución, que se va produciendo según su plan, para que finalmente el ser humano aparezca sobre la tierra. A esto se le llama *finalismo*. Es un término con el que nos referimos a que el mundo está orientado hacia un fin concreto, que en este caso es la aparición del hombre. La intención de Dios al crear todas las cosas con un diseño evolutivo era crear finalmente al hombre. El concepto de finalismo se opone al concepto de azar. La palabra azar designa una «casualidad imprevista». Esto es precisamente lo que no ha sucedido en la historia del mundo. Nada de lo que ha sucedido ha sido imprevisto por Dios. En primer lugar, porque Él ha creado todo diseñándolo cuidadosamente en previsión de la creación del hombre. En segundo lugar, porque Él es omnisciente, y no hay nada que escape de su conocimiento. Diríamos que no hay coincidencias, sino «diosidencias».

En la creación, en el desarrollo del universo, en la aparición de la vida, en la evolución, está escrito un designio de Dios, que ha diseñado las cosas para que lleguen a la finalidad a la que Él las ha destinado. También se llama a esto la «causa final». ¿Para qué ha creado Dios el universo, este planeta, la

---

[15] Cfr. Catecismo de la Iglesia Católica, 306.

vida, los animales? Para el hombre, para que descubra a Dios a través de su belleza, para que le ayuden al fin para el que ha sido creado. La salvación del hombre es la causa final por la que Dios ha creado el universo. Él es como un artesano, un artista, que obra cosas maravillosas para el deleite de sus hijos. La creación es una inmensa e inconmensurable obra de arte que eleva nuestro corazón a Dios cuando la miramos del modo adecuado. Es un testimonio del poder de Dios, dejado a los hombres para que lo descubran a Él a través de las cosas creadas[16].

Respecto a la evolución de condiciones favorables para la aparición de la vida, la tradición católica afirma que, en cuanto causa trascendente universal, Dios es causa no solo de la existencia, sino también causa de las causas. La acción de Dios no sustituye a la actividad de las causas creadas, pero hace que estas puedan actuar según su naturaleza y, no obstante esto, conseguir las finalidades que Él quiere. Al haber querido libremente crear y conservar el universo, Dios quiere activar y sostener todas las causas segundas cuya actividad contribuye al despliegue del orden natural que quiere lograr. A través de la actividad de las causas naturales, Dios hace que se den las condiciones necesarias para la aparición y existencia de los seres vivos y, además, de su reproducción y diferenciación (...). Los teólogos católicos pueden ver en este tipo de razonamiento un apoyo para las afirmaciones que provienen de la fe en la creación divina y en la Providencia divina. En el designio providencial de la creación, el Dios Uno y Trino ha querido no solo crear un puesto para los seres humanos en el Universo, sino también, en última instancia, reservarles un espacio en su misma vida trinitaria[17].

---

[16] Cfr. *Romanos* 1, 19-20.
[17] Comisión Teológica Internacional, Comunión y Servicio *(2004)*, 68.

La intervención de Dios

Entonces, ¿Dios «intervino» como una chispa mágica para dar lugar a la vida? ¿O esa vida surgió porque Dios hizo que se dieran las circunstancias apropiadas para que así fuera? No lo sabemos; pero en todo caso fue Dios quien creó de tal modo que existiera la vida. Y en cada cambio evolutivo que se ha dado en los seres vivos, ¿ha intervenido Dios directamente, o se ha valido de otros medios, como la selección natural, para que unas especies proviniesen de otras? No lo podemos saber, pero en todo caso es Dios quien crea a los seres vivos, unos a partir de otros, según como Él ha querido que sean, porque así lo ha diseñado. Y en la aparición del hombre, ¿Dios dio un empujón a la evolución? No lo sabemos, pero sí sabemos que en el primer ser humano que fue concebido en el seno de su madre, Dios insufló un alma inmortal directamente creada por Él que hacía a esa criatura a su imagen.

Aquí hemos de hacer una pequeña pausa. Conviene recordar que Dios es omnisciente: Él lo conoce todo, porque está fuera del tiempo y para Él todo es presente. Y es omnipotente: puede hacer todo aquello que es posible. Dios no «juega a los dados»[18]. Él conoce, guía y realiza todo lo que ha sucedido en el desarrollo de nuestro universo, incluida la evolución, incluida la existencia de cada uno de nosotros. Nada se le escapa. Todo lo que sucede ha sido querido por Dios. Dios ha amado a cada criatura, le ha dado el ser, y la ha diseñado, aunque haya venido al ser a través de la evolución. Pero esto hemos

---

[18] Cfr. ALBERT EINSTEIN, *Carta a Max Born (1926)*.

de entenderlo de un modo muy especial de nosotros mismos, del ser humano.

Cada hombre ha sido pensado por Dios desde toda la eternidad, ha sido amado por Él desde toda la eternidad. Cada uno de nosotros. No existimos como consecuencia del azar, sino por un designio de Dios. A través de nuestros padres, Dios nos ha creado a nosotros. Y a ellos a través de los suyos. Por eso lo llamamos «pro–creación»: Dios lleva adelante su creación a través de la libertad y el amor de dos personas. Dios está pendiente de cada uno de nosotros. «Tú has creado mis entrañas, me has tejido en el seno materno. Te doy gracias porque me has plasmado portentosamente, porque son admirables tus obras: mi alma lo reconoce agradecida, no desconocías mis huesos. Cuando, en lo oculto, me iba formando, y entretejiendo en lo profundo de la tierra, tus ojos veían mi ser aún informe, todos mis días estaban escritos en tu libro»[19].

Como afirma el Concilio, el hombre es la única criatura en la tierra a la que Dios ha amado por sí misma. El origen del hombre no se debe solo a las leyes de la biología, sino directamente a la voluntad creadora de Dios: voluntad que llega hasta la genealogía de los hijos e hijas de las familias humanas. Dios ha amado al hombre desde el principio y lo sigue amando en cada concepción y nacimiento humano. Dios ama al hombre como un ser semejante a él, como persona. Este hombre, todo hombre, es creado por Dios por sí mismo. Esto es válido para todos, incluso para quienes nacen con enfermedades o limitaciones[20].

«No somos el producto casual y sin sentido de la evolución. Cada uno de nosotros es el fruto de un pensamiento de Dios.

---

[19] *Salmo* 139, 13–16.

[20] San Juan Pablo II, *Carta Gratissimam sane,* 6.

Cada uno de nosotros es querido, cada uno es amado, cada uno es necesario»[21]. La ciencia intenta explicar el «cómo» han sucedido las cosas, pero no puede explicar el «por qué» ni el «para qué». Solo la fe puede dar respuesta a estas preguntas, que, por otra parte, son las que realmente importan. No somos fruto de la casualidad, sino del designio de Dios. Y Él ha querido crear a través de los procesos físicos y evolutivos que han dado lugar al ser humano, con el que Dios quiere tener una historia de amor y salvación. No venimos de la casualidad, sino del corazón de Dios. El modo como Él ha querido que llegáramos a la existencia es lo de menos; lo más importante es que es Él quien nos ha diseñado y nos ha dado el ser, quien nos da la vida y quien nos llama a la comunión con Él. Hemos sido elevados a una dignidad inimaginable para cualquier criatura. Porque Dios nos ama por nosotros mismos, tal y como somos. En un cartel de la sacristía de un pueblo en el que yo solía veranear, estaba escrito: «Dicen que el hombre viene del mono... pero lo importante es a dónde va».

El paraíso

El paraíso no es solo un lugar; es también un estado personal. El paraíso fue el lugar donde aparecieron los primeros hombres, ni más ni menos. Según los últimos descubrimientos, el paraíso era África, donde surgieron los primeros seres humanos, como explicaremos en detalle más adelante. Pero el paraíso era mucho más que un lugar: era el *estado* en que Dios había creado a los primeros seres humanos, a su imagen.

---

[21] BENEDICTO XVI, *Homilía al inicio de su pontificado.*

El primer hombre fue no solamente creado bueno, sino también constituido en la amistad con su creador y en armonía consigo mismo y con la creación en torno a él. La Iglesia enseña que nuestros primeros padres Adán y Eva fueron constituidos en un estado de santidad y de justicia original. Esta gracia de la santidad original era una participación de la vida divina. Por la irradiación de esta gracia, todas las dimensiones de la vida del hombre estaban fortalecidas. Mientras permaneciese en la intimidad divina, el hombre no debía ni morir ni sufrir. La armonía interior de la persona humana, la armonía entre el hombre y la mujer, y, por último, la armonía entre la primera pareja y toda la creación constituía el estado llamado «justicia original»[22].

Es muy importante que retengamos lo que dice este texto durante el resto de la lectura de este libro. Los primeros seres humanos tenían capacidades humanas, atestiguadas por los restos arqueológicos, como veremos. Pero en los primeros seres humanos antes del pecado original, se dieron una serie de características que la ciencia no podrá nunca demostrar ni negar. *Los primeros seres humanos vivían en armonía con la creación, y en una relación directa con Dios. Vivían en un estado de santidad e inocencia. Mientras viviesen en comunión con Dios, estos primeros seres humanos no debían sufrir ni morir.*

¡Qué lejos queda esto de esas primeras representaciones burdas que se suelen hacer los seres humanos como unos monos gritando con huesos en las manos! Había algo glorioso y especial en los primeros seres humanos, creados a imagen de Dios, una capacidad elevada de conocimiento y de comunión con Dios. Y no estaban sometidos al sufrimiento: aquellos primeros seres humanos dominaban la creación, no tenían

---

[22] Catecismo de la Iglesia Católica, 374–376.

que huir de las fieras o temer la muerte. No podían enfermar o morir. Esto no es algo científicamente demostrable, es una verdad de fe que sabemos solo porque Dios nos lo ha querido revelar. Ese estado de armonía con la naturaleza, esa supremacía y autoridad sobre las criaturas, esa incapacidad para sufrir y morir, la experimentaron nuestros primeros padres, que estaban destinados a vivir para siempre si mantenían la comunión con Dios; eso era el paraíso. No era sobre todo un lugar, sino un estado: el estado de santidad originaria.

Una cuestión en la que debemos entrar es si existieron un primer hombre y una primera mujer (Adán y Eva), o si fue una población o un conjunto de individuos los que, evolucionando a la vez, dieron lugar a los primeros seres humanos. Es decir, si todos los seres humanos provenimos de una primera pareja humana formada por un primer hombre y una primera mujer, o si más bien hubo una evolución de un grupo de personas de las que procedemos, sin que pudiéramos llegar hacia atrás en el tiempo a una primera pareja humana.

El papa Pío XII, en la encíclica que hemos citado antes, dice que *hubo una primera pareja de seres humanos, hombre y mujer*, y que los cristianos deben aceptar esto. «Cuando se trata de la otra hipótesis, es a saber, la del poligenismo [que procedemos de diferentes seres humanos y no de una primera pareja], los hijos de la Iglesia no gozan de la misma libertad, porque los fieles cristianos no pueden abrazar la teoría de que después de Adán hubo en la tierra verdaderos hombres no procedentes del mismo primer padre por generación natural; o bien de que Adán significa el conjunto de muchos primeros padres; pues no se ve claro cómo tal sentencia pueda compaginarse con cuanto las fuentes de la verdad revelada y los documentos del Magisterio de la Iglesia enseñan sobre el pecado original, que procede de un pecado en verdad cometido por un solo Adán individual y moralmente, y que, transmitido a todos los hombres por generación, es inherente a cada uno de ellos como suyo propio»[23].

Simplifiquemos este texto, tan rico en significados. El monogenismo es la teoría que dice que provenimos de una única primera pareja humana; el poligenismo es la teoría que dice que provenimos de diferentes individuos que evolucionaron a la vez. El papa dice que venimos de una primera pareja humana, que Adán no son muchos primeros padres, sino solo uno. A esta primera pareja humana la Biblia la llama Adán (que significa «hecho de tierra») y Eva (que significa «madre»). No se refiere necesariamente a los nombres propios de los primeros seres humanos; son nombres simbólicos, que expresan que el hombre tiene una dimensión material, el cuerpo, y que ha sido capacitado por Dios para dar vida a través de ese cuerpo.

Afirmar que provenimos de una primera y única pareja humana en ocasiones ha supuesto un problema de tipo científico. Las teorías de la evolución, particularmente el neodarwinismo, sostienen que lo que evoluciona son poblaciones, no individuos. De hecho, no sabemos exactamente cómo se produce una nueva especie. Los seres humanos actuales podemos descender perfectamente de una única pareja humana. No hay ninguna objeción científica que nos obligue a creer que venimos de más de un primer hombre y una primera mujer. De hecho, este tipo de evolución explicaría mejor el «salto» que en ocasiones se da de una especie a otra.

Esta teoría puede causar algunas dificultades de tipo científico, pero nadie puede demostrar que sea falsa. Se trata de

---

[23] Pío XII, *Humani generis*, 30.

una verdad de fe. De todos modos, la Comisión Teológica Internacional (que no es magisterio propiamente dicho) tiene un texto en el que parece que acepta la posibilidad de que la aparición de los primeros seres humanos no se diese a través de una única pareja humana, sino de una población. «La teología católica afirma que la aparición de los primeros miembros de la especie humana (individuos o poblaciones) representa un acontecimiento que no se presta a una explicación puramente natural y que puede ser adecuadamente atribuido a la intervención divina. Actuando indirectamente a través de las cadenas causales que operan desde el principio de la historia cósmica, Dios ha creado las premisas para un salto ontológico, el momento de la transición a lo espiritual»[24].

Sea entonces que haya sido a través de una primera pareja humana, Adán y Eva, o sea que haya sido a través de una población que evoluciona, es Dios quien ha dado lugar a la vida humana y quien ha propiciado el salto ontológico y la transición a la vida espiritual a través de la creación del alma.

El pecado original

El problema mayor de aceptar que haya habido más de un Adán y una Eva radica en la transmisión del pecado original. El pecado original es un pecado que cometieron los primeros seres humanos. Dios les dio un mandamiento, pero nuestros primeros padres, tentados por el diablo, desobedecieron a Dios y transgredieron el mandamiento; y de este modo perdieron el estado de santidad originario que tenían en el Paraíso. Perdieron el equilibrio con la creación, el dominio sobre

---

[24] Comisión Teológica Internacional, Comunión y Servicio (2004), 70.

las criaturas, empezaron a experimentar el sufrimiento y se volvieron mortales.

«El relato de la caída utiliza un lenguaje hecho de imágenes, pero afirma un acontecimiento primordial, un hecho que tuvo lugar al comienzo de la historia del hombre. La Revelación nos da la certeza de fe de que toda la historia humana está marcada por el pecado original libremente cometido por nuestros primeros padres»[25].

El pecado original no fue «comer de una manzana». El relato del libro del Génesis es simbólico, y quiere expresar que nuestros primeros padres, tentados por Satanás, no quisieron obedecer el mandato de Dios. «El hombre, tentado por el diablo, dejó morir en su corazón la confianza hacia su creador y, abusando de su libertad, desobedeció al mandamiento de Dios. En esto consistió el primer pecado del hombre. En adelante, todo pecado será una desobediencia a Dios y una falta de confianza en su bondad. En este pecado, el hombre se prefirió a sí mismo en lugar de Dios, y por ello despreció a Dios: hizo elección de sí mismo contra Dios, contra las exigencias de su estado de criatura y, por tanto, contra su propio bien. El hombre, constituido en un estado de santidad, estaba destinado a ser plenamente divinizado por Dios en la gloria. Por la seducción del diablo quiso ser como Dios, pero sin Dios, antes que Dios y no según Dios.

La Escritura muestra las consecuencias dramáticas de esta primera desobediencia. Adán y Eva pierden inmediatamente la gracia de la santidad original. Tienen miedo del Dios de quien han concebido una falsa imagen, la de un Dios celoso. La armonía en la que se encontraban, establecida gracias a la justicia original,

---

25 Catecismo de la Iglesia Católica, 390-391.

queda destruida; el dominio de las facultades espirituales del alma sobre el cuerpo se quiebra; la unión entre el hombre y la mujer es sometida a tensiones; sus relaciones estarán marcadas por el deseo y el dominio. La armonía con la creación se rompe; la creación visible se hace para el hombre extraña y hostil. Por fin, la consecuencia explícitamente anunciada para el caso de desobediencia se realizará: el hombre volverá al polvo del que fue formado. La muerte hace su entrada en la historia de la humanidad[26].

El pecado original es la historia de un drama que estropeó lo que Dios había creado con tanto cuidado y cariño. Se introdujeron en la vida del hombre el desorden, el pecado, el dolor y la muerte. ¿Qué habría pasado si los primeros seres humanos no hubieran pecado? Nunca lo sabremos. Lo que sí sabemos es que a Dios no le pilló de sorpresa el pecado de Adán y Eva, porque Dios es omnisciente. Él ya tenía preparado su plan de amor para salvarnos, a través de la muerte y resurrección de Jesús. Pero para lo que interesa de cara a este libro, el caso es que ese estado paradisíaco no le duró mucho al hombre. Y el mundo dejó de ser el paraíso que estaba destinado a ser. Y ese pecado original, junto al desorden que supone, fue heredado de generación en generación por todos los seres humanos.

¿Cómo el pecado de Adán vino a ser el pecado de todos sus descendientes? Todo el género humano es en Adán como el cuerpo único de un único hombre. Por esta unidad del género humano, todos los hombres están implicados en el pecado de Adán. Sin embargo, la transmisión del pecado original es un misterio que no podemos comprender plenamente. Pero sabemos por la Revelación que Adán había recibido la santidad y la justicia originales

---

26 Catecismo de la Iglesia Católica, 397–400.

no para él solo, sino para toda la naturaleza humana: cediendo al tentador, Adán y Eva cometen un pecado personal, pero este pecado afecta a la naturaleza humana, que transmitirán en un estado caído. Es un pecado que *será transmitido por propagación a toda la humanidad,* es decir, por la transmisión de una naturaleza humana privada de la santidad y de la justicia originales. Por eso, el pecado original es llamado pecado de manera análoga: es un pecado contraído, no cometido, un estado y no un acto[27].

Toda la naturaleza humana quedó herida. Este pecado original, como hemos visto, se transmite «por propagación», lo cual parece inclinar la balanza hacia la idea de que hubo un primer hombre y una primera mujer. Pío XII, en el texto que hemos señalado más arriba, afirmaba que el pecado original se transmite a través de la generación. De un modo parecido habla el papa san Pablo VI: «Creemos que todos pecaron en Adán; lo que significa que la culpa original cometida por él hizo que la naturaleza, común a todos los hombres, cayera en un estado tal en el que padeciese las consecuencias de aquella culpa. Este estado ya no es aquel en el que la naturaleza humana se encontraba al principio en nuestros primeros padres, ya que estaban constituidos en santidad y justicia, y en el que el hombre estaba exento del mal y de la muerte. Así pues, esta naturaleza humana, caída de esta manera, destituida del don de la gracia del que antes estaba adornada, herida en sus mismas fuerzas naturales y sometida al imperio de la muerte, es dada a todos los hombres; por tanto, en este sentido, todo hombre nace en pecado. Mantenemos, pues, siguiendo el concilio de Trento, que el pecado original se transmite, jun-

---

[27] CATECISMO DE LA IGLESIA CATÓLICA, 404.

tamente con la naturaleza humana, *por propagación, no por imitación,* y que se halla como propio en cada uno»[28].

A mi entender y según los textos del Magisterio, parece que la Iglesia afirma que existieron un primer hombre y una primera mujer (Adán y Eva), los primeros dos seres humanos con un alma inmortal, que vivían en el estado de paraíso, pero que pecaron personalmente, perdieron la comunión con Dios, y han transmitido ese pecado original y el desorden que produce a todos sus descendientes, incluidos todos los seres humanos actuales, que provenimos de ellos.

Ahora bien, podríamos preguntarnos: si hubiera habido cuatro «adanes» y cinco «evas», ¿qué sucedería si hubieran pecado solo dos de ellos? ¿El pecado original habría afectado solo a los descendientes de esa pareja? No, habría afectado a todos. Porque, como hemos visto en el Catecismo, todo el género humano es como el cuerpo único de un único hombre, el género humano forma una unidad por la que todos los hombres están implicados en el pecado de Adán. El desorden afecta a la naturaleza humana, al ser humano, a todos los seres humanos. Por propagación, por generación, o como lo queramos decir, el pecado original ha afectado a todos los seres humanos, los que hubo, los que hay y los que habrá.

Personalmente, ciñéndome al texto del papa Pío XII, pienso que existieron un primer hombre y una primera mujer, que procedían de una especie anterior, como veremos, pero en los cuales Dios insufló, desde el primer instante de su concepción, un alma inmortal directamente creada por Él. Y de ellos proceden todos los seres humanos, y de ellos se transmite a todos el pecado original. Los descubrimientos científicos que

---

[28] San Pablo VI, *Credo del Pueblo de Dios,* 16.

tenemos al alcance no pueden ni confirmar ni desmentir esta teoría. En todo caso, si llegara a descubrirse que no fue una primera pareja humana la que evolucionó, sino una población, eso no afectaría a lo que anuncia la Iglesia sobre la creación y el pecado original.

Conclusión

La Iglesia ha aceptado la evolución como algo más que una hipótesis, y, por tanto, se puede afirmar que Dios ha creado al ser humano a través de la evolución. Sin embargo, la misma Iglesia afirma que en los primeros seres humanos hay un salto ontológico que se produce porque Dios les da un alma directamente creada por Él, espiritual e inmortal, que los hace a su imagen. No hay ningún problema en aceptar que el cuerpo del ser humano procede por evolución de una especie anterior. Dios, con su providencia, actúa en la creación constantemente, haciendo que ésta se desarrolle conforme a su plan, para dar lugar a la cumbre de la creación: el ser humano.

Desde aquí la Iglesia nos enseña que no podemos leer los primeros capítulos del Génesis como si fuesen relatos históricos que pretenden enseñarnos verdades científicas. Debemos atender a sus géneros literarios, y darnos cuenta de que pretenden transmitir verdades de fe a través de los relatos antiguos que se habían transmitido en forma de mitos o historias.

Los primeros seres humanos, Adán y Eva, vivían un estado excepcional que ahora hemos perdido, pues no podían sufrir ni morir, vivían en comunión con Dios y dominaban la naturaleza, sin experimentar ninguna atracción hacia el mal. Dios les puso un mandamiento a los primeros padres; no sabemos si se trata de la Ley natural, de los diez mandamientos, o de algo concreto. En todo caso, ellos desobedecieron ese mandamiento tentados por Satanás, por lo cual perdieron su estado de santidad original y «fueron expulsados» del paraíso. Ese pecado original se transmite a todos sus descendientes.

El hecho de que Dios haya diseñado el desarrollo de la vida de modo que el ser humano haya aparecido sobre la tierra por evolución no quiere decir que seamos producto del azar. Dios es la causa de todo lo que existe. Él nos ha soñado desde toda la eternidad a cada uno de nosotros, nos ha amado, nos ha dado el ser y nos quiere con un amor particular y único. Su omnisciencia y su omnipotencia, su cuidado constante de la creación y su providencia son la causa de cada hombre y de cada mujer, tal como es, aunque hayan venido al ser a través de otras criaturas.

Mirad los pájaros del cielo: no siembran ni siegan, ni almacenan y, sin embargo, vuestro Padre celestial los alimenta. ¿No valéis vosotros más que ellos? ¿Quién de vosotros, a fuerza de agobiarse, podrá añadir una hora al tiempo de su vida? ¿Por qué os agobiáis por el vestido? Fijaos cómo crecen los lirios del campo: ni trabajan ni hilan. Y os digo que ni Salomón, en todo su esplendor, estaba vestido como uno de ellos. Pues si a la hierba, que hoy está en el campo y mañana se arroja al horno, Dios la viste así, ¿no hará mucho más por vosotros, gente de poca fe? No andéis agobiados pensando qué vais a comer, o qué vais a beber, o con qué os vais a vestir. Los paganos se afanan por esas cosas. Ya sabe vuestro Padre celestial que tenéis necesidad de todo eso[29].

---

[29] *Mateo* 6, 26–32.

CAPÍTULO 3

NOCIONES BÁSICAS DE EVOLUCIÓN HUMANA

No sé qué habrás leído o visto por ahí sobre la evolución. Muchas veces, los expertos hablan con mucha seguridad de todo lo que sucedió en el pasado. Pero lo cierto es que desconocemos muchas cosas. Toda la historia de los antecedentes del ser humano que se han dado en los últimos 8 millones de años la conservamos en unos pocos fósiles[1]. Muchos de ellos son fragmentos de huesos, mandíbulas, cráneos, y conservamos unos pocos esqueletos casi completos. Las ciencias han avanzado mucho, y con pocas cosas se pueden hacer muchas reconstrucciones. Además, el avance de la genética nos ha permitido conocer aspectos que van más allá de los huesos.

Los hallazgos de restos de homininos (así se llaman los antecesores del *Homo sapiens*) muchas veces son casuales, llenos de peripecias, requieren una reconstrucción posterior, una interpretación, etc. Y las hipótesis que se formulan sobre sus medidas, capacidad craneal, comportamiento, u otros

---

[1] EMILIANO BRUNER, *La evolución del cerebro humano. Un viaje entre fósiles y primates* (2018), 18.

factores, son precisamente eso, hipótesis. Algunos nuevos hallazgos parecen confirmar ciertas hipótesis; otros las desechan. No quiero que se me entienda mal. Como veremos, hay bastantes cosas en las que los científicos de diversas áreas han llegado a un consenso. Y hay cosas que hoy por hoy parecemos saber con cierta seguridad. Pero es cierto que se pueden dar nuevos hallazgos que hagan replantear ciertas suposiciones, y que hay otras hipótesis que a veces pueden ser aventuradas.

Uno de los problemas que se da es en la datación de los restos fósiles. Algunos autores han señalado que los métodos utilizados para la datación no son fiables, y que dan fechas mucho más antiguas que las reales. No voy a entrar en esa polémica, porque es un tema abierto que corresponde a los científicos. Muchos de ellos han llegado a un consenso sobre las fechas de los restos que se han encontrado, y va a ser a esas fechas a las que nos ciñamos en este libro. Nada puede impedir que quizá en el futuro se reajusten las fechas, pero hay bastantes cosas que sabemos con seguridad, aunque en el futuro puedan variar las fechas. Pongo un ejemplo: el *Homo habilis* apareció hace unos 2,5 millones de años, y el *Homo erectus,* procedente de él, hace unos 2 millones de años. Puede que más adelante se cambien las fechas, pero lo que está claro es que el *Homo habilis* precedió al *Homo erectus.*

En este capítulo voy a simplificar al máximo la explicación de las relaciones evolutivas de la familia humana. Pido perdón de nuevo a los científicos o a los que busquen una explicación más extensa y matizada. Para ello les remito a la bibliografía citada a pie de página. Y un último apunte. En todos los libros que he leído, las fechas que dan los autores para los diversos restos humanos, a veces, varían entre uno y otro. Esto no es crucial para el trabajo de este libro. Aquí la cuestión clave no está tanto en la exactitud de las fechas cuanto en la secuencia de los acontecimientos. Puede que muchas de las fechas que damos en este libro se reajusten en el futuro.

La grandeza de la carne

Nuestro cuerpo es maravilloso. Es una obra de arte. Somos seres de carne y hueso, y así nos ha querido el Señor nuestro Dios. Nuestro cuerpo funciona con una exactitud que es prácticamente indescriptible. Es complejo y misterioso, y está ajustado de un modo increíble. Podemos analizar cualquier animal y veremos lo impresionante que es. Pequeñas bacterias que son capaces de «nadar» en busca de alimento, canguros que tienen bolsas para cuidar de sus crías, murciélagos con un sistema de «sónar» para localizar alimento... Dios en su creación se ha desbordado de creatividad. Es un artista, un artesano, un creador que ha hecho rebosar de maravillas el universo, desde las galaxias a las estrellas, desde la gravitación hasta el electromagnetismo, desde las formas de vida más primitivas a las más desarrolladas.

Esta admiración ante las obras de Dios la expresa de un modo genial el salmista:

Desde tu morada riegas los montes, y la tierra se sacia de tu acción fecunda; haces brotar hierba para los ganados y forraje para los que sirven al hombre. Él saca pan de los campos, y vino que le alegra el corazón; y aceite que da brillo a su rostro, y alimento que le da fuerzas. Se llenan de savia los árboles del Señor, los cedros del Líbano que él plantó: allí anidan los pájaros, en su cima pone casa la cigüeña. Los riscos son para las cabras, las peñas son madriguera de erizos. Hiciste la luna con sus fases, el sol conoce su ocaso. Pones las tinieblas y viene la noche, y rondan las fieras de la selva; los cachorros rugen por la presa, reclamando a Dios su comida. Cuando brilla el sol, se retiran, y se tumban en sus guaridas; el hombre sale a sus faenas, a su labranza hasta el atardecer. Cuántas son tus obras, Señor, y todas las hiciste con sabiduría; la tierra está llena de tus criaturas. Ahí está el mar: ancho y dilatado, en él bullen, sin número, animales pequeños y grandes; lo surcan las naves, y el Leviatán que modelaste para que retoce. Todos ellos aguardan a que les eches comida a su tiempo: se la echas, y la atrapan; abres tu mano, y se sacian de bienes[2].

Es importante comprender que Dios es un artista. La Escritura lo compara con un alfarero que modela el barro[3]. Un artista no hace las cosas buscando solo la eficacia. Muchas veces hace las cosas sobreabundando lo necesario, porque el arte es expresión de lo que uno es, más allá de lo que otros puedan entender. Una vez estuve en una catedral que tenía un retablo maravilloso. Una de las escenas tenía a una mujer con una cesta de costura en la mano. El guía me invitó a acercarme y a meter la mano en un agujero que había en aquella cesta de piedra, en la parte de atrás, donde nadie podía mirar y donde a duras penas cabía una mano. Me quedé impresionado. El escultor había esculpido en el interior de la cesta unas tijeras, un carrete de hilo y otros utensilios, a los que solo se podía acceder palpando.

Eso es lo que hace un artista. No le importa que nadie lo vaya a ver o que sea casi un secreto. Hace arte. Se expresa en él. Como el compositor Thomas Tallis, que compuso una obra

---

[2] *Salmo* 104.
[3] *Eclesiástico* 33, 13; *Jeremías* 18.

a 40 voces; es decir, que al mismo tiempo cantan 40 voces entonando melodías diferentes[4]. Es imposible, al escuchar la obra, saber exactamente qué está cantando cada una de las voces; pero el conjunto es abrumador. Así es Dios, multiplicado por infinito. Por eso ha creado tantas cosas, tan diversas, tan bellas. Son una expresión de la riqueza de su ser. Nos abruman. Y en lugar de llevarnos a preguntarnos para qué ha hecho tantas cosas, deberían llevarnos a la admiración de su grandeza.

A veces los evolucionistas ateos plantean que para qué Dios habría creado tantas especies, unas a partir de otras, si lo que quería finalmente era crear al ser humano. No han entendido la naturaleza de la creación como obra de arte. Dios crea a lo grande. Creó galaxias inaccesibles, visibles solo al telescopio; soles que vemos y que ya están extintos; planetas lejanos e inalcanzables. Creó enormes criaturas que ya no veremos pisar la tierra, como los dinosaurios; animales misteriosos que surcan los fondos marinos; criaturas bellas, complejas, incomparables. Y las creó unas a partir de las otras, mediante la evolución. Porque así lo quiso. En todas ellas hay una huella de la obra de Dios, y todas ellas nos hacen elevar el corazón al creador. Las creó para que admirásemos su grandeza y la imitásemos, y para que a través de las criaturas lleguemos a conocer al creador[5].

En nuestra naturaleza corporal, estamos hechos de materia, como el resto del universo. Tenemos una naturaleza animal, somos parte de esta creación. Nuestra corporalidad es

---

[4] Se trata de la obra *Spem in alium.*
[5] Cfr. *Romanos* 1, 20.

algo bello, hermosamente diseñado, querido por Dios. Somos seres de carne, y en la carne procedemos unos de otros; en la carne nos unimos, nos abrazamos, y de carne se hizo Dios a través de la Virgen María. Nuestra parte material no es desdeñable o desechable, no es una «cárcel del alma», sino que Dios ha querido que seamos uno en cuerpo y alma, dotando a nuestra carne de una dignidad infinita, porque es la misma carne que tomó el Verbo de Dios y que glorificó en la resurrección, la misma carne que está sentada a la derecha de Dios para toda la eternidad.

Somos, sí, animales. Pero creados a imagen de Dios, en una carne que está llamada a ser glorificada, y con un alma inmortal creada directamente por Dios. Somos animales, y al mismo tiempo somos distintos de los animales. A veces muchos científicos, e incluso nosotros mismos, tendemos a ver todo lo que tenemos en común con los animales, e incluso buscamos en los perros gestos o emociones «humanas». Los vídeos de perros y de gatos que tanto se comparten, se han hecho virales precisamente porque aparecen comportamientos que nos parecen «demasiado humanos», y nos sorprenden o nos hacen gracia. Nos sorprenden porque sabemos que esos animales no son humanos. Y es que lo que salta a la vista cuando miramos al hombre y a cualquier otro animal es lo distintos que somos.

Hechos de la misma carne, sí, procedentes del mismo linaje del que provienen los chimpancés, pero completamente diferentes, con un «salto ontológico». Amamos, reímos, lloramos, sí, pero también hablamos, componemos sinfonías y construimos satélites. Somos mucho más que un «mono evolucionado». Somos personas. Seres humanos. Imagen de Dios. Hijos de Dios. Superiores al resto de criaturas, a las que debemos amar y cuidar, y que también están a nuestro servicio. No hay nada de indigno en afirmar que el ser humano procede por evolución de una especie anterior, ya que es la misma materia, son las mismas moléculas, es el mismo diseño de ADN el que nos configura. Y al mismo tiempo tenemos algo que va más allá de la materia que nos hace radicalmente distintos.

Historia evolutiva del *Homo sapiens*[6]

Consideraba necesario explicar esto para dejar claro que el hecho de que nuestro cuerpo provenga de especies anteriores no le resta ninguna dignidad a nuestra naturaleza, que es corporal y material, como la de los animales; pero radicalmente distinta, porque es una naturaleza capaz de albergar un alma inmortal, y que ha sido creada a imagen de Dios, y es capaz de expresar la totalidad de una persona. Un animal no es una persona. Un ser humano sí lo es. Y el Padre, el Hijo y el Espíritu Santo son personas; personas divinas. Más adelante veremos en qué consiste esto de «ser personas». Baste con apuntarlo por ahora.

Entremos entonces en materia. Voy a hacer un resumen muy simplificado de lo que la ciencia ha descubierto hasta el

---

[6] Para toda esta sección, ver por orden de importancia: Cfr. CAMILO J. CELA CONDE Y FRANCISCO J. AYALA, *Evolución humana. El camino hacia nuestra especie* (Alianza editorial, 2013). JUAN LUIS ARSUAGA E IGNACIO MARTÍNEZ, *La especie elegida. La larga marcha de la evolución humana* (Booket, 1998). GIORGIO MANZI, *Últimas noticias sobre la evolución humana* (Alianza editorial, 2017). EMILIANO BRUNER, *La evolución del cerebro humano. Un viaje entre fósiles y primates* (2018). ROBERTO SÁEZ, *Evolución humana. Prehistoria y origen de la compasión* (Almuzara, 2019), FIORENZO FACCHINI, *Evolución: ciencia y fe en diálogo* (Didáskalos, 2020). MANUEL MARTÍN-LOECHES, *El cerebro humano y su evolución* (Origen, cuadernos Atapuerca, 2021).

presente sobre la evolución humana. Este marco es necesario, no solo por cultura general, sino también para que comprendamos mejor cuándo surgió el primer ser humano y qué supuso su aparición. Para comprender la nomenclatura, al citar a las criaturas en biología se suele citar primero el género, que es la gran familia a la que pertenecen los animales; y después la especie, que está formada por los individuos que, además de los caracteres genéricos, tienen en común otros caracteres por los cuales se asemejan entre sí y se distinguen de los de las demás especies. En nuestro caso, *Homo* designa el género, y *sapiens,* la especie.

La mayor parte de los fósiles más antiguos los encontramos en África, particularmente en el este, aunque también algunos en el sur, debido a las condiciones climáticas que había entonces allí. Hasta hace 1,8 millones de años, toda la evolución humana sucede en África. Hace ocho millones de años se separaron los linajes que darían, por un lado, a los actuales chimpancés, y, por el otro, a los hombres. Ese antepasado común de hace tanto tiempo era un primate, y vivía en los árboles, de rama en rama, en un bosque tropical. Y esta extraordinaria criatura comenzó a evolucionar. Tenemos un lapso entre esa época y hace 4 millones de años, que solo podemos rellenar con tres especies que muestran cambios hacia el ser humano. Estas especies vivían en los árboles (eran arbóricolas), aunque ya podían desplazarse torpemente de un modo bípedo[7].

4 millones de años es mucho tiempo. Muchos autores sugieren que las especies homínidas se mantienen durante mu-

---

[7] Estas especies son el *Sahelantrhropus thadensis*, el *Orrorin tugenensis* y las diversas formas de *Ardipitecus.*

cho tiempo sin cambios, y que, de pronto, se dan pequeños «saltos evolutivos», de modo que aparecen nuevas especies[8]. Como ya hemos explicado, esta teoría es tan válida como cualquier otra, ya que no sabemos exactamente cómo se da el paso de una especie a otra. Hace cuatro millones de años encontramos al *Australopithecus*, desarrollado en África[9].

Los diferentes australopitecos se fueron desarrollando durante dos millones de años. Se da en ellos un pequeño aumento del cerebro. Mantenían algunas habilidades arborícolas, aunque ya eran bípedos, si bien no con la eficiencia con que lo somos nosotros, ni caminaban completamente erguidos. Su anatomía aún no era como la nuestra. Se alimentaban principalmente de frutos ricos en azúcares, semillas, raíces, tubérculos y cortezas. De ellos procedió otra especie que se acabó extinguiendo, los Parántropos[10]. Esta línea no prosperó. Hasta aquí estamos en un máximo de unos 500 centímetros cúbicos de capacidad craneal.

Hace 2,5 millones de años apareció el primero de los que se consideran parte del género *Homo*: el *Homo habilis*, que significa «el hombre con habilidad, el hombre capaz»; se le llamó así porque usaba ciertos utensilios de piedra. Es más o menos con el *Homo habilis* con el que surge la primera cultura de piedras, que se llama modo 1[11]. El *Homo habilis* era

---

[8] Cfr. Camilo J. Cela Conde y Francisco J. Ayala, *Evolución humana. El camino hacia nuestra especie* (Alianza editorial, 2013), 347.

[9] *A. anamensis, afarensis, bahrelghazali, garhi, africanus* y *sediba*. También el *Kenyanthropus platyops*, que se considera un australopitecino.

[10] *P. aethiopicus, boisei* y *robustus*. Esta especie permaneció en África, se especializó en el alimento de semillas duras, y terminó extinguiéndose hace como 1,5 millones de años.

[11] También llamado cultura olduvayense.

bípedo, aunque no tenía una morfología como la nuestra ni caminaba aún erecto. Había pasado de vivir en los bosques tropicales a vivir en bosques normales y sabanas. Alcanzaba un metro y medio de altura, tenía un cráneo más redondeado y una mandíbula que tendía a hacerse cada vez más pequeña. La capacidad craneal sube más o menos hasta los 600 centímetros cúbicos[12].

Poco después del *Homo habilis,* hace poco menos de dos millones de años, aparece el *Homo erectus*[13]. Como tendremos ocasión de desarrollar, con el *Homo erectus* se producen grandes cambios. El *Homo erectus* ya está completamente erguido —como significa su nombre—, la morfología de su cuerpo y cadera son básicamente como los nuestros, es completamente bípedo en el sentido actual del término: capaz de correr a una velocidad mayor que cualquier hominino anterior, y capaz de recorrer largas distancias. El tamaño de la capacidad craneal pasa a ser de entre 700 y 1 250 centímetros cúbicos. Desarrolla un nuevo modo de tallar las piedras mucho más complejo, llamado el modo 2[14]. Su dieta incorpora gran cantidad de carne. Tiene ya las áreas cerebrales del lenguaje desarrolladas y las capacidades necesarias en la

---

[12] Omitimos aquí al *Homo rudolfesis* por simplificar, y además porque sus relaciones taxonómicas no están claras.

[13] Aquí usaremos el término *Homo erectus* en sentido lato. Técnicamente algunos autores suelen diferenciar entre el *Homo ergaster* en África, el *Homo georgicus* en Georgia y el *Homo erectus* en Asia. Se suele considerar que estos dos últimos evolucionaron tras la salida del *Homo ergaster* de África ya en Asia. Es un asunto discutido. Nosotros adoptamos esta nomenclatura por simplificar.

[14] También llamado cultura achelense.

garganta para un lenguaje articulado[15]. Medía entre 1,4 y 1,8 metros de altura, como el hombre actual. La forma de su nariz y de su mandíbula era muy similar al hombre actual. Es el primero de toda esta corriente evolutiva que sale de África, y puebla Asia y Europa en un lapso muy corto de tiempo, hace 1,8 millones de años.

El *Homo erectus,* con pequeñas variaciones, permaneció sin grandes cambios (que sepamos) durante un millón de años, desde hace 1,9 millones de años hasta hace unos 100 000 años. De hace 850 000 años se encontraron en Atapuerca (España) restos de una nueva especie, llamada *Homo antecessor.* De poco después fue *el Homo heidelbergensis,* que vivió hace 700 000 años en África, y se extendió por el mundo. Era un hombre muy robusto, con gran capacidad craneal, de entre 1 100 y 1 400 centímetros cúbicos, tenía la parte de encima de los ojos bastante prominente, y era grande y alto, con un gran peso en comparación con el resto de *Homo*[16].

Del *Homo heidelbergensis* proceden tres ramas: el neandertal, el hombre denisovano y el *Homo sapiens.* El neandertal y el denisovano aparecieron hace unos 400 000 años, el neandertal en Europa y el denisovano en Asia; no estuvieron en África. Eran corpulentos, fuertes, inteligentes, adaptados al frío y a los climas extremos. Los neandertales tenían una capacidad craneal superior a la del *Homo sapiens,* de entre 1 500 y 1 750 centímetros cúbicos. Eran una especie muy inteligente, y con una vida social, cultural y religiosa activa; no debemos dejar-

---

[15] Las áreas de Broca y de Wernicke, la situación adecuada entre faringe y laringe.

[16] Omitimos por razón de brevedad al *Homo naledi, floresiensis, luzonensis, rhodesiensis* y a otros taxones propuestos por diferentes estudiosos.

nos engañar por las caricaturas salvajistas que se han hecho de él.

Por otra parte, de los denisovanos apenas sabemos mucho, porque se han encontrado muy pocos fósiles. Tanto los neandertales como los denisovanos se extinguieron hace unos 40 000 años. El *Homo sapiens* apareció hace unos 300 000 años en África, y se extendió en diversas oleadas por todo el mundo, la primera quizá en torno a hace 150 000 años[17]. Sabemos que los neandertales, los *Homo sapiens* y quizá los denisovanos se mezclaron en parte y tuvieron intercambio genético, según los últimos descubrimientos del ADN antiguo.

Finalmente, quedó solo el *Homo sapiens* hace unos 40 000 años. La extinción de los neandertales y de los denisovanos sigue siendo un misterio. Algunos expertos señalan que, hace unos 74 000 años, hubo una catástrofe global increíble por la erupción del volcán Toba, en Sumatra. Fue una erupción de una magnitud que no podemos imaginar. Para que nos hagamos una idea, la bomba atómica más grande jamás construida es de 50 megatones; pues bien, la erupción del volcán Toba liberó una cantidad de energía de 10 000 megatones, la potencia de 200 bombas atómicas estallando simultáneamente.

Este evento produjo una caída de la media de las temperaturas de unos 3 a 5 °C, con un invierno volcánico global que pudo durar entre seis y siete años. En las regiones templadas produjo una disminución de las temperaturas globales de 15 °C de promedio, lo que representa un cambio drástico en el ambiente, que debió de producir múltiples cuellos de botella de población en varias

---

[17] Estas fechas cambian radicalmente dependiendo del autor que se consulte.

especies *Homo* que debían existir en la época, incluyendo al *Homo sapiens,* e incluso llevando a la extinción a muchas de ellas[18].

El cielo se oscureció, el clima cambió, y el análisis del genoma humano nos lleva a la conclusión de que en esa época se extinguieron la mayor parte de los seres humanos del planeta, que se redujeron quizá a un total de unos 10 000 individuos o menos[19]. Tras ese evento, el *Homo sapiens* se volvió a extender por el mundo desde África hace unos 70 000 años; y las poblaciones de neandertales y denisovanos, que debían de estar muy mermadas por la catástrofe de Toba, tras tener algunas uniones con los *Homo sapiens,* acabaron extinguiéndose, quizá porque el *Homo sapiens* se adaptó mejor y más funcionalmente al medio ambiente. La época de la extinción final de los neandertales y de los denisovanos corresponde con la época glaciar Würm IV. En esta época fría hubo cambios drásticos de temperatura, grandes zonas cubiertas por glaciares, aridez, enfriamientos y calentamientos repentinos, que produjeron grandes precipitaciones y cambios climáticos. También se dio hace unos 40 000 años la erupción de Campi Flegrei (Italia), que afectó al clima en Europa. Probablemente, todo eso, unido quizá a otros sucesos que desconocemos, supuso el «toque de gracia» para los neandertales y denisovanos; mientras que los *Homo sapiens* se las apañaron mejor, porque tenían una sociedad mucho más colaborativa, y, quizá por eso, unas estrategias racionales mayores que las de las

---

[18] Consultado en Wikipedia el 11 de enero de 2025.

[19] Cfr. Michael R. Rampino y Stephen Self, *Bottleneck in human evolution and the Toba eruption (1993).* A esta época señalan los datos genéticos de la «Eva mitocondrial» y del «Adán cromosómico».

otras especies. De todos modos, la extinción final de estas especies sigue siendo un misterio.

Desde hace 40 000 años hasta hace 10 000, los *Homo sapiens* siguieron viviendo como cazadores-recolectores, hasta que descubrieron la agricultura y se asentaron, cambiando completamente su modo de vida. El resto es *historia.*

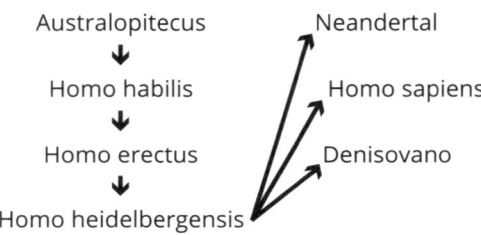

Australopitecus
Homo habilis
Homo erectus
Homo heidelbergensis
Neandertal
Homo sapiens
Denisovano

A tener en cuenta

Esta es una explicación muy simplificada, e insisto en que, si alguien quiere profundizar en todos los matices que no he señalado, debe leer la bibliografía que he citado a pie de página. Varias de estas especies de *Homo* convivieron entre ellas, compartieron y se disputaron territorios en África, Europa y Asia. Desde luego, el *Homo erectus* debió de convivir con el *Homo habilis* y con otros homininos, pero no se mezcló con ellos: no hubo hibridación. Convivieron después el *Homo erectus, el Homo heiderbergensis,* el neandertal, el denisovano y el *Homo sapiens.* De la única hibridación de la que tenemos certeza es de la de los neandertales, los denisovanos y los *Homo sapiens,* ya que los seres humanos actuales conservamos más o menos un 3 % de ADN neandertal; y las poblaciones del sudeste asiático y de Australia conservan más o menos un 6 % de ADN denisovano.

Con el *Homo habilis,* o quizá con los Parántropos o Australopitecos, hace unos 2,5 millones de años surgió el primer trabajo de la piedra, llamado modo 1. Es un modo muy simple, en que se choca una piedra contra otra para afilar un poco una de las dos, y aprovechar también los desechos que surgen del choque como «cuchillos». En un modo parecido a como usan actualmente las piedras los chimpancés, aunque un poco más complejo.

Con la aparición del *Homo erectus* se da un salto cualitativo en el trabajo de la piedra que da lugar al llamado modo 2, que dura desde hace al menos 1,8 millones de años hasta hace 50 000 años. Este modo no surgió de un modo gradual, sino como un salto de una industria a otra[20]. Este método supone *un pensamiento abstracto* que proyecta la forma que va a tener el utensilio antes de comenzar la tarea. Se producen bifaces, es decir, piedras con dos filos usadas como hachas.

La transformación de los materiales brutos hasta ser convertidos en instrumentos de corte supone, en primer lugar, la selección de piedras gigantescas aptas para ser talladas. Una vez seleccionada la roca, se procede a reducirla, haciendo saltar grandes escamas hasta obtener bloques de tamaño aún muy grande, con la forma adecuada para emprender las labores de talla cuidadosa. Los bloques se trabajan, obteniéndose en la cadena operativa tres tipos distintos de lascas: lascas pequeñas, intermedias y grandes. Estas últimas, de un tamaño todavía considerable, constituyen el hacha con su forma básica a la que resta dar filo. Las lascas más grandes, que contrastan con las intermedias por su tamaño, forma y peso, son sometidas a una talla de precisión,

---

[20] Camilo J. Cela Conde, *Evolución humana,* 385.

utilizando un número importante de golpes sucesivos hasta lograr su filo y su forma final[21].

Con el modo 2 aparecen las primitivas hachas, cuchillos, raspadores y otros utensilios que suponen un cambio radical en la cultura y en la vida de los seres humanos. Otra característica de este modo es que los útiles producidos son conservados por los *Homo erectus*. No los tiran o los dejan; los guardan y los llevan consigo.

Después el trabajo de la piedra continuó avanzando, en el paleolítico medio, superior y el neolítico. Otro salto lo supuso la edad de los metales junto con el descubrimiento de la rueda. La tecnología siguió avanzando hasta dar lugar a los utensilios de la Antigüedad, que se fueron desarrollando poco a poco hasta dar lugar a los instrumentos que tenemos ahora. Las «revoluciones industriales» se han ido acelerando cada vez más en el tiempo; pero, sin duda, el primer gran salto «industrial» es del modo 1 al modo 2.

Por otra parte, es importante quitarnos de la cabeza la idea de que los primeros seres humanos serían monos estúpidos encorvados y con huesos en las manos. Esa imagen nos la han proporcionado los autores que intentan asemejar el ser humano a los monos. El ser humano no viene del mono, aunque comparten un antecesor común. Los *Homo erectus* «tenían un cuerpo alto, esbelto y moderno, muy similar al nuestro, por lo cual podríamos imaginar una mirada humana en ellos»[22]. En efecto, el *Homo erectus* iba completamente erguido, su cadera se había hecho prácticamente similar a la nuestra, sus pisadas

---

[21] Ibid., 386.
[22] Roberto Sáez, *Evolución humana*, 44.

eran como las nuestras, su nariz se había «humanizado», el vello corporal había desaparecido[23].

Como hemos explicado, los indicios más antiguos de capacidad de habla se dan también en estos *Homo*[24]. «En algunos hallazgos del *Homo erectus,* la base del cráneo revelaría una flexión atribuible a una disminución de la laringe. Esta disminución se infiere de la forma de la base del cráneo que va desde el aplanamiento hasta una ligera flexión hasta alcanzar una semejanza total con el hombre actual. Por lo tanto, las características anatómicas que permiten la fonación estarían presentes ya en esta fase de la humanidad»[25]. «Daniel Everett, decano de Artes y Ciencias de la Universidad de Bentley (Massachusetts, EE. UU.), sugiere que el lenguaje comenzó muy temprano, tanto como hace 1,9 millones de años, y salió de la boca de algún *Homo erectus* en África»[26]. Las áreas cerebrales relacionadas con el lenguaje, el área de Broca y el área de Wernicke, ya estaban muy desarrolladas.

Hemos de desechar, pues, la idea de que los primeros seres humanos apenas gemían y gruñían. Tenían una capacidad de comunicación, por otra parte, necesaria para la vida social, la fabricación de útiles y las estrategias de caza. Además, en la isla de Java y en la de Sumatra se han encontrado restos de que, hace al menos 1,5 millones de años, el *Homo erectus*

---

23 Cfr. https://terraeantiqvae.com/group/prehistoria/forum/topics/por-que-el-homo-sapiens-perdio-el-vello-del-cuerpo-que-ventaja-le , consultado el 15 de enero de 2025.

24 Juan Luis Arsuaga, *La especie elegida,* 406–408.

25 Fiorenzo Facchini, *Evolución: ciencia y fe en diálogo,* 61–62.

26 Tomado de https://www.abc.es/ciencia/abci-invento-lenguaje-homo-erectus-hace-19-millones-anos-201802201508_noticia.html , consultado el 11 de enero de 2025.

conocía la navegación. No se trataba de un monigote peludo y salvaje.

Igual sucede con el fuego. Muchas veces, en el imaginario colectivo, pensamos que el fuego fue un invento de los *Homo sapiens*. Pues bien, se han encontrado evidencias de uso del fuego de hace 1,7 millones de años por parte del *Homo erectus*[27]. «El dominio del fuego se remonta al paleolítico inferior, una conquista de gran importancia para el hombre. Un primer paso probablemente fue el control del fuego producido por causas naturales por su uso y conservación. Pero pronto el hombre comenzó a producirlo, causando chispas por la fricción de cuerpos duros o golpeando piritas con pedernal o cuarzo»[28].

El fuego se usó para iluminar, calentar, ahuyentar animales, acorralar la caza, cocer alimentos, etc. La «domesticación» del fuego, es decir, su producción y control puede no ser tan antigua, pero desde luego el *Homo erectus* usaba ya el fuego, causado quizá por algún incendio natural o la caída de algún rayo, o quizá producido por él mismo. Hallamos, pues, hace mucho tiempo seres humanos erguidos, capaces de comunicarse, con una estructura social, capaces de dominar el fuego y de navegar.

Conclusión

Hemos explicado de un modo muy breve y muy simplificado el trayecto que ha seguido el ser humano desde sus orígenes hasta la actualidad. Hay muchos matices, y muchas historias interesantes, muchos problemas y muchas

---

[27] Camilo J. Cela Conde, *Evolución humana*, 412.

[28] Fiorenzo Facchini, *Evolución: ciencia y fe en diálogo*, 52.

cuestiones para las que aún no se ha hallado respuesta. Lo que hemos señalado aquí son las cuestiones que están más claras, aunque eso no quiere decir que no hayan sido discutidas por unos autores u otros. La evolución no sigue exactamente una historia «lineal», sino que tiene muchas interacciones, entradas y salidas, mezclas, extinciones, que finalmente da lugar a las tres líneas de humanos «modernos»: neandertales, denisovanos y *Homo sapiens.* De ellos solo quedamos nosotros.

Dios quiso valerse de este medio para que apareciese ese ser humano creado a su imagen. Se valió de una especie preexistente para llevarla a una plenitud que ningún animal había conocido. Se dio ese salto ontológico. Y entonces todo cambió. Porque ese ser, como veremos, era libre. Comienza a tomar sus decisiones, a moverse, a mezclarse, a organizarse. A partir de entonces aparecen dos elementos que la evolución no puede determinar: la inteligencia y la libertad.

¿Por qué este viaje tan largo, de miles de millones de años, hasta que apareció el hombre? Por la diversidad creadora de Dios, por su arte, por poblar el mundo de criaturas maravillosas para su obra maestra: el hombre. ¿Por qué crear a través de evolución? Para que no pensemos que no somos parte de este mundo, para que aceptemos nuestra naturaleza carnal, para que nos demos cuenta de que el Señor nos eligió a nosotros. También para que los paleoantropólogos del siglo XXI no estuvieran obligados a tener fe al descubrir que cada especie había sido creada directamente de la nada por Dios. Richard Dawkins ha hecho notar en varias ocasiones lo cómodo que le resulta el darwinismo para no tener que creer en

Dios[29]. Dios respeta al máximo nuestra libertad. Podemos encontrar signos de su diseño en toda la naturaleza, pero nunca nos obligará a creer en Él.

«Cuando contemplo el cielo, obra de tus dedos, la luna y las estrellas que has creado. ¿Qué es el hombre para que te acuerdes de él, el ser humano, para mirar por él? Lo hiciste poco inferior a los ángeles, lo coronaste de gloria y dignidad; le diste el mando sobre las obras de tus manos. Todo lo sometiste bajo sus pies. Rebaños de ovejas y toros, y hasta las bestias del campo, las aves del cielo, los peces del mar que trazan sendas por el mar. Señor, Dueño nuestro, ¡qué admirable es tu nombre en toda la tierra!»[30].

---

[29] Cfr. https://www.elmundo.es/elmundo/2009/02/06/ciencia/123394 6941.html, consultado el 15 de enero de 2025.

[30] *Salmo* 8.

CAPÍTULO 4

LO QUE NOS HACE HUMANOS

¿Qué es lo que nos hace humanos? Es necesario responder a esta pregunta para saber cuándo surgió el primer ser humano, es decir, para situar en el tiempo a Adán y Eva. ¿Ser bípedos? Otros animales lo fueron, y lo son. ¿Hablar? También los loros hablan. ¿El uso de fuego? También los orangutanes son capaces de usarlo. Desde la perspectiva cristiana, la respuesta es clara: el ser humano es la única criatura hecha a imagen de Dios, dotada de un alma espiritual e inmortal. Pero, en concreto, ¿cómo se manifiesta eso en los seres humanos? Esto es lo que vamos a tratar de explicar en este capítulo.

Una de las primeras cosas que hemos de comprender es que el ser humano es *una persona*. Puede parecer que esto no es más que una obviedad, pero nada más lejos de la realidad. En la antigüedad griega, la palabra «persona» designaba unas máscaras que usaban los actores del teatro para representar diferentes papeles. Este concepto pasó literalmente a la cultura romana. En Roma, el término se empezó a utilizar en tiempos de Jesús con el significado de «sujeto de derechos»: los ciudadanos romanos eran personas; los esclavos, no. Pero la teología cristiana le dio un vuelco radical a la palabra persona. De hecho, teólogos como Tertuliano aplicaron el término «persona» a cada singularidad de la Trinidad: al Padre, al Hijo y al Espíritu Santo. Tres personas, solo un Dios[1]. Y esta concepción pasó a la teología cristiana.

Se consideraba, por tanto, que cada una de las personas divinas era precisamente eso: un ser con una dignidad infinita, y se definió el término persona como «ser individual racional»[2]. Y después se aplicó este nombre también a los seres humanos, reconociéndoles así una dignidad por encima de todas las criaturas, y una relación con la imagen divina. Aunque los diferentes autores lo explican de distintos modos, finalmente en filosofía y en teología se llega a una especie de definición de lo que es persona: un individuo en relación que es *racional, libre y capaz de amar.* Esta definición explica que en las personas hay tres potencias que las hacen ser tales: entendimiento, voluntad y amor. «Creados a imagen de Dios, como hemos visto, los seres humanos comparten el mundo con otros seres corporales, pero se distinguen de ellos por su entendimiento, amor y libertad»[3].

En efecto, si pensamos en qué tenemos en común los hombres, los ángeles y las personas divinas, es esto: cada uno somos un individuo en relación, y cada uno tenemos inteligencia racional, libertad y somos capaces de amar. Cuando aparecieron estas tres capacidades en el hombre es cuando podemos detectar la presencia del alma inmortal insuflada por Dios, cuando podemos establecer que ha aparecido el ser humano y que se ha dado ese salto ontológico que separa al hombre del animal.

---

[1] Tertuliano, *Adversus Praxean,* II. IV. XI. XII. XXIV. XXV.

[2] Boecio, *Contra Eutychen et Nestorium,* cap. 3.

[3] Comisión Teológica Internacional, Comunión y Servicio (2004), 56.

Refiriéndonos al hombre [en comparación con el resto de los animales], podríamos decir que nos encontramos ante una diferencia de orden ontológico, ante un *salto ontológico*. Las ciencias de la observación describen y miden cada vez con mayor precisión las múltiples manifestaciones de la vida y las inscriben en la línea del tiempo. El momento del paso a lo espiritual no es objeto de una observación de este tipo que, sin embargo, a nivel experimental, *puede descubrir una serie de signos muy valiosos del carácter específico del ser humano*. Pero la experiencia del saber metafísico, la de la conciencia de sí y de su índole reflexiva, la de la conciencia moral, la de la libertad o, incluso, la experiencia estética y religiosa competen al análisis de la reflexión filosófica[4].

En el momento en que surge una nueva especie que es racional, libre y capaz de amar, podemos hallar el momento en el que Dios creó al hombre a su imagen. ¿Podemos rastrear esto en la historia fósil de los antepasados del *Homo sapiens?* Mi tesis es que sí, como intentaré mostrar. De momento expliquemos cada una de estas características que nos hacen personas, que nos hacen humanos: racional, libre y capaz de amar.

Racionalidad

Hay animales muy inteligentes, como el pulpo, los delfines o algunos primates. Pero en el ser humano hay un salto de racionalidad que lo hace diferente. El ser humano es consciente de sí mismo, sabe que sabe, es autoconsciente. Puede razonar sobre sí mismo y sobre su lugar en la realidad, sobre el pasado, el presente y el futuro, tiene una imagen de sí mismo y puede proyectarla a los demás. Es capaz de pensamiento abstracto, de pensar en conceptos.

---

[4] San Juan Pablo II, *Discurso a la Pontificia Academia de las Ciencias (1996)*, 6.

Desde la perspectiva de la antropología, lo que distingue a los seres humanos de los animales y nos hace personas es una combinación única de características biológicas, cognitivas, sociales y culturales.

a) Capacidades cognitivas avanzadas

Autoconciencia: los humanos somos conscientes de nosotros mismos, reflexionamos sobre nuestra existencia, propósito y mortalidad. No pocos autores señalan que la consciencia de la propia mortalidad es una de las características de los primeros seres humanos, que por eso entendieron que había una vida después de la muerte.

Pensamiento abstracto: podemos imaginar conceptos que no tienen una base tangible, como el tiempo, la justicia o lo infinito. No solo pensamos en cosas u objetos concretos. Somos capaces de abstraer conceptos, que no corresponden a un elemento físico, sino a una realidad inmaterial en la que fundamos elementos que constituyen nuestra sociedad.

Lenguaje simbólico: somos capaces de comunicarnos, de hablar; nuestro cerebro está capacitado para conocer y comprender las cosas y para nombrarlas; y al nombrarlas, podemos hacer que una idea salga de nuestra mente y entre en la mente de otro hombre. Nuestra habilidad para usar y comprender símbolos complejos nos permite transmitir ideas, conocimientos y emociones de manera avanzada.

b) Cultura y transmisión simbólica

Los humanos creamos culturas, sistemas de creencias, valores, normas y conocimientos que se transmiten a lo largo de generaciones. Aunque los animales enseñan comportamientos simples, los humanos creamos tradiciones complejas y herramientas culturales que evolucionan. La cultura en tal sentido es algo propiamente humano, como un producto de nuestra racionalidad. Somos autoconscientes, somos conscientes de los demás, creamos conceptos abstractos y somos capaces de compartirlos con otros, dando lugar a un nuevo mundo conceptual que nos forma y nos transforma: la sociedad.

c) Capacidad para el arte y la creatividad

El arte, la música, la danza y otras formas de expresión creativa son exclusivamente humanas. Estas actividades reflejan nuestra capacidad para trascender lo inmediato y buscar significado estético o espiritual. Vamos más allá de la supervivencia. Respecto al hombre prehistórico, tenemos testimonios de pinturas rupestres u objetos simbólicos, como veremos. Pero puede que muchas de las manifestaciones artísticas o culturales de los *Homo* más antiguos no nos hayan llegado por el simple hecho de que tras cientos de miles de años es muy difícil que algo quede preservado. Sin embargo, podemos imaginarnos perfectamente a uno de los primeros seres humanos dibujando monigotes en la arena de la playa o entonando una arcana melodía.

d) Moralidad y ética

Una de las claves de la racionalidad es que nos permite distinguir entre el bien y el mal, estableciendo principios morales y actuando conforme a ellos. Esta moralidad va más allá de los instintos de supervivencia y colaboración observados en algunos animales. La moralidad es un tema fascinante y propio de nuestra especie. En los animales hay códigos de conducta que conllevan a veces castigos por parte de la manada, o marginación; pero se trata de conductas que están en relación con la supervivencia del grupo. En el hombre se da un salto ontológico, porque el hombre percibe el mal y el bien como realidades intrínsecas, no interesadas; y descubre en su interior la voz de la conciencia que le señala el bien y el mal, aunque nadie lo esté mirando o aunque lo que vaya a hacer aparentemente no tenga consecuencias. Cuando comprobamos que la mantis religiosa se come la cabeza del macho después de aparearse, o que una araña es capaz de comerse a sus crías, no atribuimos un sentido moral a esa acción, porque es algo en lo que esas criaturas no tienen elección: está escrito en su naturaleza, no son libres ante ello. Pero imaginémonos a un ser humano haciendo lo mismo. Nos parecería cruel y reprobable.

En lo más profundo de su conciencia descubre el hombre la existencia de una ley que él no se dicta a sí mismo, pero a la cual debe obedecer, y cuya voz resuena, cuando es necesario, en los oídos de su corazón, advirtiéndole que debe amar y practicar el bien y que debe evitar el mal: haz esto, evita aquello. Porque el hombre tiene una ley escrita por Dios en su corazón, en cuya obediencia consiste la dignidad humana y por la cual será juzgado personalmente. La conciencia es el núcleo más secreto y el sagrario del hombre, en el que este se siente a solas con Dios, cuya voz resuena en el recinto más íntimo de aquella[5].

e) Simbolismo y espiritualidad

La capacidad para creer en lo trascendente o espiritual es un rasgo distintivamente humano. Las religiones y los rituales reflejan la búsqueda de un significado mayor en la vida. Ninguna otra especie muestra preocupación por la vida después de la muerte o por lo sobrenatural. Aunque este es un tema

---

[5] Concilio Vaticano II, *Gaudium et spes,* 16.

muy discutido por los diferentes autores respecto de los hombres prehistóricos, veremos que existen signos que nos hacen imaginar una cierta espiritualidad en los primeros seres humanos, ciertamente mermada por el peso del pecado original.

f) Tecnología avanzada

Aunque algunos animales usan herramientas, los humanos tenemos una capacidad sin precedentes para diseñar, fabricar y perfeccionar tecnologías complejas. Como ya hemos visto, en el modo 2 aparece un modo de fabricar utensilios que va más allá de un uso simple y casi casual de piedras golpeando piedras. Hay una ideación, una planificación, una diversificación para diferentes usos, y una conservación de los utensilios fabricados.

g) Relaciones complejas y empatía

Los humanos somos capaces de establecer relaciones sociales profundas, que incluyen amor, amistad, altruismo y empatía, incluso hacia miembros de otras especies. La capacidad de sacrificarse por un bien mayor o por ideales es una característica humana. Los animales forman manadas o bandadas; el ser humano forma familias y sociedades. El ser humano, al ser consciente de sí y de los demás, es capaz de ponerse en el lugar del otro y generar empatía e incluso compasión; lo cual le lleva incluso al sacrificio personal, y a ser capaz de olvidarse de sí para ayudar a otro, aunque sea un desconocido.

h) Narrativa e historia

Los humanos construimos narrativas para dar sentido a nuestras vidas y a nuestra historia colectiva. Contamos historias, registramos eventos y aprendemos del pasado para construir el futuro. No tenemos solo una memoria física para recordar lugares o escondrijos, sino que recordamos el pasado, lo releemos, y somos capaces de sacar conclusiones cuando reflexionamos sobre él, para aprender para el futuro. Y así, somos capaces de adelantar acontecimientos y de prepararnos para ellos. Y no solo eso: podemos inventar historias. No es solo que podamos mentir, sino que podemos convertir una mentira en un cuento que todos asumen como tal, y con el que incluso podemos transmitir enseñanzas. Podemos dar sentido a los acontecimientos.

Libertad

La capacidad de elegir va de la mano de la racionalidad y también de la capacidad moral de la conciencia. Algunos autores prefieren el término «voluntad» o «libre albedrío». Para nuestro objetivo, da lo mismo. El ser humano es libre, está por encima de las determinaciones de su ADN y de la naturaleza, es capaz de liberarse de los condicionamientos de todo tipo que pueda tener, tiene una libertad mucho mayor que la que supone para un perro elegir entre un plato de carne de pollo o un plato de carne de cerdo. El perro nunca podría decir: «No voy a comer, voy a hacer ayuno para fortalecer mi fuerza de voluntad».

Un primer ser humano fue racional y autoconsciente, y se dio cuenta de que podía elegir, de que no estaba determinado por su biología ni por sus circunstancias. No olvidemos que los primeros seres humanos, en estado de gracia, tenían una gracia especial que les permitía usar sus capacidades humanas recién estrenadas de un modo especial. A pesar de que su cerebro fuese inferior al nuestro, o de otras circunstancias, fueron iluminados por Dios para conocer y comprender el alcance de su libertad.

Cuando nosotros nacemos, no somos autoconscientes ni libres. Pero según vamos creciendo, vamos adquiriendo esa consciencia y la capacidad de libertad. No en vano se estima que el ser humano, en torno a los seis o siete años, ha llegado al uso de razón: se le considera ya capaz de comprender y se le atribuye la responsabilidad sobre sus acciones. Es posible que los primeros seres humanos, en esa relación especial y única con Dios, fueran también creciendo y siendo educados por Él, hasta que llegaran a esa edad de discreción que les permitía ser humanos en sentido pleno: racionales, libres y capaces de amar.

El ser humano es libre en el sentido más profundo del término, diferente a cualquier animal, y semejante en ello a Dios y a los ángeles. Su elección no se limita a la supervivencia, sino que va mucho más allá. Puede plantearse dilemas morales, elegir un proyecto u otro, tomar decisiones con una absoluta consciencia de los presupuestos y las consecuencias. La libertad es el don más sagrado que se le ha concedido al ser humano, después de la vida; es por ello por lo que consideramos la privación de la libertad como el mayor mal que se puede causar a un ser humano, después de la muerte. Pero incluso en una situación de privación de libertad exterior, como puede ser el encarcelamiento, el ser humano mantiene la libertad interior, por la que puede elegir su actitud ante la vida, sus decisiones internas, si dejarse o no llevar por sus sentimientos, sus expresiones y actuaciones.

Aquellos primeros seres humanos fueron puestos a prueba por Dios, como sabemos por la Revelación. Vuelvo a decir que no se trataba de comer de ningún árbol, sino que fue el mismo Señor quien les dio un mandamiento (o unos mandamientos) para que ellos pudieran poner en juego su libertad. Dios no les tentó; les dio la ocasión de demostrarle que lo amaban, que se fiaban de Él, que eran capaces de usar su libertad para el bien; y si lo hubieran hecho, habrían recibido por ello la semejanza divina, la participación en la vida de Dios, la plenitud de la vida eterna. No habrían tenido que sufrir ni morir. «Mas por la envidia del diablo entró la muerte en el mundo»[6]. Los primeros seres humanos usaron mal su libertad, tentados por Satanás, y entonces la naturaleza humana cayó, corrompiéndose, necesitada de una restauración que solo Cristo podría traer.

Tertuliano va recorriendo algunos de los mandamientos, haciendo ver que al desobedecer el precepto del paraíso, Adán y Eva estaban incumpliendo todos los mandamientos de Dios, de manera que puede verse en ese precepto la matriz de todos los demás. En primer lugar, incumplieron el «amarás a Dios sobre todas las cosas», ya que no obedecieron el precepto que les dio el Dios a quien debían amar, y por tanto, obedecer; en segundo lugar, incumplieron los mandatos de «amar al prójimo como a sí mismo» y de «no matarás», al privarse de la inmortalidad; en tercer lugar, incumplieron el «no robarás» al robar el fruto del árbol prohibido; en cuarto lugar, incumplieron el «no mentirás» al tomar parte con el diablo mendaz; en quinto lugar, incumplieron el «honrarás a tu padre» cuando ofendieron a Dios que, como padre, les había formado del barro; en sexto lugar, incumplieron el «no desearás los bienes ajenos» cuando desearon el fruto que no les pertenecía[7].

---

[6] *Sabiduría* 2, 24.

[7] Jesús María Silva Castignani, *Adversus Iudaeos de Tertuliano. Traducción, comentario y notas* (Amazon), nota 89.

El hombre aprendió el bien y el mal. El bien consiste en escuchar a Dios, poner en él la fe y guardar sus mandamientos. Esto es lo que da la vida al ser humano. En cambio, el mal consiste en desobedecer a Dios, lo que lo lleva a la muerte. Por su generosidad, Dios dio a conocer al ser humano el bien de la obediencia y el mal de la desobediencia, a fin de que el ojo de su alma por propia experiencia pueda elegir juzgando lo que es mejor, y nunca descuide por pereza el mandato divino. Y para que por experiencia aprenda lo que es malo y le arrebata la vida, y de esta manera no se vea jamás tentado a desobedecer a Dios. En cambio puede guardar con empeño y por propia decisión la obediencia a Dios, sabiendo que en ello consiste su bien[8].

Capacidad de amar

Cuando se define filosóficamente al ser humano, se suele insistir mucho en su racionalidad; pero muchas veces se olvida otra de las capacidades que Dios le ha dado y a la que le ha llamado: la capacidad de amar. Dios ama a sus criaturas, y los ángeles aman a Dios y a las demás criaturas. Del mismo modo, el ser humano es capaz de amar, y está llamado a ello. El amor es una potencia del alma, un afecto que surge de un modo misterioso y que mueve a querer el bien del otro. En efecto, amar es querer el bien del otro. El amor es un acto libre, que se realiza no tanto por sentimientos, que no son elegibles y, por tanto, no tienen ningún mérito, sino por actos que se realizan en una decisión personal.

Una madre ama a su hijo cuando le cambia el pañal o lo protege de los peligros. Un novio ama a su novia siéndole fiel y tratando de ser detallista con ella. Un hermano ama a su

---

hermano decidiendo no fastidiarle o ayudarle con los deberes. Un hombre elige amar a un pobre invitándole a desayunar y dándole conversación. Va mucho más allá de cualquier primitiva forma de empatía que un animal pueda sentir visceralmente por otro. Se trata de un acto en el que se implica la persona, y del que se es consciente de sus consecuencias y de su valor. Es una capacidad increíble que nos hace capaces de no desentendernos de nuestro prójimo.

Esto, como veremos, sucede de un modo admirable en los primeros seres humanos. En una manada o en una banda animal, a veces se cuida un poco al herido, se le abandona enseguida, en cuanto surge un peligro o retrasa al grupo. Lo mismo sucede con los animales defectuosos o ancianos. Sin embargo, el ser humano es capaz de superar esa limitación de la naturaleza y amar, incluso desinteresadamente. Quiero insistir en que la capacidad de amar no conlleva solo una capacidad sentimental en el ser humano. Como hijos de nuestro tiempo, solemos pensar que el amor es un sentimiento, pero esto no es así. El amor puede comenzar ciertamente como un sentimiento, pero el amor se realiza a través de acciones concretas, que manifiestan y hacen efectivo ese amor, incluso hacia desconocidos hacia los que no siento nada, o incluso hacia enemigos, hacia los que lo que siento no es precisamente positivo.

El ser humano, como todas las personas, es relacional, lo cual tiene que ver con su capacidad de amar. Una madre ama (o debería amar) a sus crías, y las cuida, las protege, las educa; y los niños, en cuanto son conscientes, aman a sus padres. Y educamos a los hermanos para que amen a sus hermanos, y a sus abuelos. Todos nacemos en una familia, y es el aprendizaje del amor por experiencia directa lo primero que recibimos, antes que ninguna otra cosa. La familia es una relación en la carne de la que estamos hechos, en la que el niño recibe el amor de su madre y de su padre de un modo cualitativamente diferente a como cualquier animal pueda sentir un cierto afecto de sus criadores.

Por descontado, la capacidad de amar lleva como consecuencia la capacidad de odiar. El hombre, racional, puede elegir ser irreflexivo: el hombre, libre, puede elegir renunciar a su libertad; y el hombre, capaz de amar, puede elegir no amar e incluso odiar. Esta es una característica también propia del ser humano: la capacidad de destruir. El odio, racional o irracional, puede hacer que el hombre se deje llevar y cause una destrucción y una venganza que va mucho más allá de la simple ley de la selva. Al hombre se le ha dejado su destino en sus propias manos. Puede elegir, puede comprender, puede amar. Por eso los primeros seres humanos comprendieron admirados su singularidad en medio de las criaturas, y comenzaron a tener comportamientos que iban mucho más allá de los condicionamientos de la naturaleza. Se expanden, se cuidan, se entierran. Se aman.

«Con su apertura a la verdad y a la belleza, con su sentido del bien moral, con su libertad y la voz de su conciencia, con su aspiración al infinito y a la dicha, el hombre se interroga sobre la existencia de Dios. En estas aperturas, percibe signos de su alma espiritual. La semilla de eternidad que lleva en sí, al ser irreductible a la sola materia, su alma, no puede tener origen más que en Dios»[9].

---

[9] Catecismo de la Iglesia Católica, 33.

La expresión corporal del alma

¿Estas características surgen en el ser humano por el desarrollo cerebral? ¿O son el fruto de la presencia de un alma racional e inmortal? Pretender responder a estas preguntas desde la biología no tiene ningún sentido. Algunos biólogos, extralimitándose de sus campos, pretenden explicar todo como un resultado de la evolución sin más[10]. Pero la verdad es mucho más compleja y maravillosa. El ser humano se ha ido desarrollando, conforme al designio de Dios, para que su cuerpo pudiera expresar de un modo total las capacidades de su alma. Esto implica el desarrollo del sistema neuronal, que, llegado a un punto en la evolución, se hace capaz de albergar y expresar un alma inmortal directamente creada por Dios. Permítaseme la comparación: Dios prepara un *hardware* que es capaz de soportar un *software* desarrollado.

Los animales tienen un alma animal, que los anima, les da vida, les permite vivir y moverse, desarrollarse y crecer[11]. Pero no es un alma inmortal ni racional, creada directamente por Dios o infundida por él. Este salto se da con el ser humano[12]. Igual que un niño tiene un alma racional e inmortal, pero no se puede expresar en él hasta que ha madurado, porque su sistema cerebral aún no se ha desarrollado; del mismo modo, los antecesores del ser humano que no tenían el desarrollo cerebral suficiente no recibieron un alma inmortal, porque no eran capaces de recibirla y de llevarla a su máxima expresión. Pero esto no fue así en los primeros seres humanos. En ellos,

---

[10] Cfr. Richard Dawkins, *El gen egoísta.*

[11] Cfr. Santo Tomás de Aquino, *Summa Theologiae,* I, a. 75. Catecismo de la Iglesia Católica, 2318.

[12] Cfr. Catecismo de la Iglesia Católica, 1701–1705.

ya desde el vientre de su madre, estaba la potencialidad de un sistema cognitivo complejo que sí iba a permitir la expresión de esa alma creada por Dios a su imagen; y por lo tanto, la recibieron desde el primer instante de su concepción[13].

No quiero que se me entienda de un modo dualista. No es que Dios cree a partir de los últimos homínidos el cuerpo del primer ser humano, y *después* Dios insufle su alma en él como si fuese algo externo. La concepción del primer ser humano y la infusión del alma inmortal se dan simultáneamente, porque no puede existir un ser humano que no sea cuerpo y alma a la vez[14]. Somos seres duales, con una naturaleza material y también espiritual. Pero igual que los antecesores del hombre recibían un alma animal en el mismo momento de su concepción, los primeros seres humanos recibieron un alma espiritual inmortal desde el primer momento de su concepción. Porque el ser humano es uno en cuerpo y alma[15].

Esto explica también por qué una persona discapacitada tienes sus capacidades mermadas. En ella hay un alma inmortal y racional, a imagen de Dios, que da a esa persona enferma la misma dignidad que la de cualquier otro ser humano. Pero su sistema cognitivo, al no estar completamente desarrollado, no permite la expresión plena de esa alma racional, de modo que su racionalidad, libertad y capacidad de amar están muy mermadas o pueden incluso ni existir. Esas personas son uno en cuerpo y alma, con un alma inmortal, pero esa alma no puede expresarse en plenitud porque su cuerpo no se ha desarrollado del todo. Como el caso de un niño de tres años, que, aunque

---

[13] Cfr. San Juan Pablo II, *Donum Vitae*, 5.

[14] Catecismo de la Iglesia Católica, 364–366.

[15] Cfr. Concilio Vaticano II, *Gaudium et spes*, 14.

tenga un alma inmortal, no puede expresar toda su potencialidad. En efecto, la dignidad del ser humano proviene de que ha sido creado a imagen de Dios y de que posee un alma inmortal creada directamente por Dios y que informa su cuerpo desde el primer instante de su concepción.

El cuerpo del hombre participa de la dignidad de la imagen de Dios: es cuerpo humano precisamente porque está animado por el alma espiritual, y es toda la persona humana la que está destinada a ser, en el Cuerpo de Cristo, el Templo del Espíritu: Uno en cuerpo y alma, el hombre, por su misma condición corporal, reúne en sí los elementos del mundo material, de tal modo que, por medio de él, estos alcanzan su cima y elevan la voz para la libre alabanza del Creador. Por consiguiente, no es lícito al hombre despreciar la vida corporal, sino que, por el contrario, tiene que considerar su cuerpo bueno y digno de honra, ya que ha sido creado por Dios y que ha de resucitar en el último día. La unidad del alma y del cuerpo es tan profunda que se debe considerar al alma como la «forma» del cuerpo; es decir, gracias al alma espiritual, la materia que integra el cuerpo es un cuerpo humano y viviente; en el hombre, el espíritu y la materia no son dos naturalezas unidas, sino que su unión constituye una única naturaleza. La Iglesia enseña que cada alma espiritual es directamente creada por Dios –no es «producida» por los padres–, y que es inmortal: no perece cuando se separa del cuerpo en la muerte, y se unirá de nuevo al cuerpo en la resurrección final[16].

Conclusión

Lo que nos hace humanos, lo que hizo humanos a los primeros hombres, fue la insuflación directa por parte de Dios

---

[16] Catecismo de la Iglesia Católica, 364–366.

de un alma inmortal, lo cual dio lugar a la primera criatura creada a imagen de Dios, con esas características que le hacen «parecido» a Dios: racional, libre y capaz de amar.

Estas potencialidades están ya en el alma humana, pero el cuerpo tiene que estar plenamente desarrollado para que esta alma pueda expresarse en él de un modo pleno. Por ello, hasta que Dios no dio lugar a través de la evolución a un cuerpo capaz de expresar totalmente la racionalidad, la libertad y la capacidad de amar del alma inmortal, no hubo seres humanos, sino animales.

No es solo una cuestión de desarrollo lo que separa a los humanos de los animales, sino una diferencia esencial en su ser. La ciencia puede medir los cambios que se dan en el comportamiento de los primeros seres humanos, pero no puede señalar en qué momento el ser humano recibió un alma inmortal a imagen de Dios. Sin embargo, como veremos, en los restos que nos han llegado de los primeros seres humanos vemos señales inequívocas de que en ellos se produjo un salto que manifestaba que había ya en ellos un alma racional, libre y capaz de amar.

CAPÍTULO 5

LA HIPÓTESIS DEL
HOMO ERECTUS

Habitualmente, mucha gente suele pensar que el primer ser humano fue el *Homo sapiens,* y no le da más vueltas. Sin embargo, esta hipótesis tiene muchos problemas, porque hoy sabemos que otros homininos mostraban compasión, lenguaje, enterraban a sus muertos, tenían signos religiosos, etc. Por lo tanto no podemos situar tan tarde la presencia de la imagen de Dios en el hombre, ya que eso implicaría la contradicción de que habría habido seres racionales, libres y capaces de amar que no eran personas ni tenían alma. Según lo que he podido estudiar, la hipótesis que yo planteo es que los primeros seres humanos, Adán y Eva, fueron *Homo erectus.* Esta hipótesis está, por descontado, abierta a discusión y a los cambios que pudieran sugerir nuevos descubrimientos científicos o nuevos pronunciamientos de la Iglesia.

Es verdad que el primer ser que lleva el título «hombre» es el *Homo habilis,* y algunos consideran que este fue el primer ser humano[1]. Sin embargo, esta criatura era demasiado simi-

---

[1] Fiorenzo Facchini, *Evolución: ciencia y fe en diálogo.*

lar a los australopitecos[2]. Tenía una capacidad cerebral poco mayor a la de los chimpancés, y no muestra signos de compasión, organización social compleja o racionalidad; al mismo tiempo, no parecía tener desarrollada del todo la capacidad del habla, y el método de piedra que usaba (el modo 1) no parece que presuponga una ideación abstracta previa, y no difiere mucho del uso que otros primates pueden hacer de utensilios de piedra.

En este capítulo veremos el asombroso salto que supuso la aparición del *Homo erectus* para la especie humana, y también los signos que la existencia del alma racional ha dejado en las huellas de la historia. Y veremos que estas extraordinarias criaturas fueron creadas a imagen de Dios, en una preciosa comunión con Él; pero que fueron tentadas por el enemigo, y decayeron de su estado de santidad original, dando lugar a la corrupción del género humano y a la salida del paraíso.

Características del *Homo erectus*

El *Homo erectus* apareció en África hace unos 1,9 millones de años. Fue el primer hominino en adoptar completamente una postura erguida y caminar de manera bípeda eficiente, lo que implica una serie de adaptaciones anatómicas.

Caderas y piernas: su estructura de pelvis y fémur muestra adaptaciones claras para caminar largas distancias de manera bípeda, con una zancada similar a la humana moderna. Esto también ha sido demostrado por el estudio de los huesos del oído, que tienen un impacto directo en el equilibrio humano. Además, la reconfiguración de la cadera llevó también a la re-

---

[2] Cfr. Camilo J. Cela Conde, *La evolución humana,* 343. 345.

configuración de las relaciones sexuales, que pasaron a tenerse cara a cara.

Tamaño corporal: ya alcanzaba una estatura de aproximadamente 1,6 a 1,85 metros, es decir, semejante a la actual, y pesaba entre 50 y 80 kg. Tenía un cuerpo alto, delgado y esbelto; ya había perdido la mayoría del vello corporal. Sus ritmos de crecimiento eran ya semejantes a los nuestros.

Cerebro: uno de los principales rasgos que distingue a esta especie es su aumento en el tamaño cerebral. El volumen cerebral varía entre unos 700 y 1 250 centímetros cúbicos. Este aumento sugiere una mayor capacidad cognitiva. Recuérdese que el *Homo habilis* alcanzaba un máximo estimado en 600 centímetros cúbicos.

Fue el autor del modo 2 del trabajo de la piedra, que ya hemos estudiado, y el primer ser humano que usó el fuego. Poseía ya la capacidad del lenguaje, aunque no sabemos cómo era esa comunicación. Formaba grupos socialmente cohesionados. El parto en el *Homo erectus* era prácticamente tan complicado como en los seres humanos actuales, por los cambios que se habían dado en la pelvis para posibilitar el caminar erguido; por esto, sabemos que las mujeres necesitaban ayuda para dar a luz y cuidar a sus crías. Es el primer *Homo* que sale de África muy poco tiempo después de su aparición, dispersándose muy rápido por Asia y Europa. Precisamente en esa época se dio una gran aridificación del este de África que propulsó la salida de los *Homo erectus* de África. Es lo que yo llamo «la salida del paraíso».

La especie *Homo ergaster* [*Homo erectus*] se distingue de las especies precedentes de *Homo* por un claro aumento en el tamaño del cerebro, la disposición de los huesos nasales, que provoca que la nariz destaque en el perfil de la cara, el acortamiento del esqueleto facial y la reducción en el tamaño relativo de los molares[3].

Hace menos de 2 millones de años, aparecieron unos humanos claramente diferentes de todos los homínidos anteriores. No solo su cerebro era aún mayor y estaba organizado de otra manera. Además, su cara era de aspecto más moderno y su estatura era similar a la nuestra. También sus proporciones correspondían a un plan corporal en todo semejante al nuestro. Su modelo de desarrollo se alejaba del patrón de los antropomorfos, haciéndose más lento. Este desarrollo prolongado implica un entorno social más protector que hiciera posible que una madre pudiera cuidar de varias crías al mismo tiempo. Probablemente por primera vez, los machos intervenían en su cuidado y alimentación[4].

Gracias a unas huellas descubiertas en Kenia, sabemos que:

la forma de estas huellas es indistinguible de las de los seres humanos modernos, habituados a caminar con los pies desnudos, reflejando una anatomía del pie y una mecánica locomotriz similares a las nuestras. Además, estas huellas provienen de una estructura de grupo plenamente humana. Se observa la coexistencia de varios machos adultos en los diversos sitios, cosa que implicaría cierto nivel de tolerancia, y, por lo tanto, de cooperación[5].

Con el *Homo erectus* hubo:

una expansión de miles de kilómetros a lo largo de tan solo medio millón de años, desde la aparición en África de los ante-

---

[3] Juan Luis Arsuaga, *La especie elegida*, 194.
[4] Ibid., 298–299.
[5] Giorgio Manzi, *Últimas noticias sobre la evolución humana*, 143.

pasados hasta la presencia humana en Java, en el extremo del sudeste asiático. Comprender el apasionante viaje de *Homo erectus* es comprender un poco más de nosotros mismos. Aquella especie no solo iba desarrollando una morfología moderna, sino también comportamientos en los cuales nos vemos reflejados los humanos actuales, como *la curiosidad por expandirse*, acompañada de la explotación de nuevos recursos. El resultado fue la colonización de Europa y Asia de entornos ecológicos muy diferentes a aquellos de sus orígenes en África[6].

Compasión

El ejemplo más antiguo de compasión humana que se nos ha conservado es precisamente de los *Homo erectus.* Como hemos señalado, poco después de su aparición, estos primeros seres humanos se expanden con gran rapidez por el resto del mundo, como saliendo del paraíso, movidos por la curiosidad y el afán de conocimiento. Unos restos se han hallado en Georgia, de hace entre 1,8 y 1,7 millones de años, los conocidos como ejemplares de Dmanisi[7]. Georgia está justo al norte de Turquía y de Armenia, a la salida desde África hacia Asia. Entre ellos encontramos un ejemplar único.

Es un anciano que había perdido los dientes. Cuando una persona pierde los dientes, se da una reabsorción dental que deja huellas en el registro fósil. O sea, que sabemos a ciencia cierta que este anciano no perdió los dientes después de morir, sino mucho tiempo antes.

La ausencia total de dientes supone un rasgo insólito cuya explicación permite inferir que un individuo así tuvo que ser mante-

---

[6] Roberto Sáez, *Evolución humana,* 45.
[7] Para estos restos se ha creado el taxón *Homo georgicus.*

nido vivo con la ayuda de sus congéneres. Esta hipótesis implica el atribuir a los *Homo* muy antiguos una estructura social y unas estrategias adaptativas muy avanzadas. La alimentación de este ejemplar se daría gracias a la ayuda de otras personas que debería haber ido más allá de lo que pueden ofrecer los primates no humanos[8].

Este anciano habría supuesto una «carga» si considerásemos a estos hombres como una «manada». Pero eran una familia, y no se deshicieron del abuelo, sino que lo cuidaron y lo alimentaron y lo llevaron consigo hasta que murió. Se considera el primer caso de compasión humana; además de considerarse una señal de que los ancianos eran considerados importantes para los primeros seres humanos, sobre todo por su sabiduría. El amor no se fosiliza; pero Dios ha querido que tengamos acceso a este rasgo de compasión para que comprendamos que aquellos seres humanos ya eran capaces de amar. También con este ejemplar vemos cómo los seres humanos ya estaban libres de los condicionamientos del comportamiento de «manada» o de otros condicionamientos: eran *libres* para elegir amar y cuidar a un individuo que, en términos de eficiencia, era una «carga» para el grupo.

Pero este no es el único caso.

El chico de Turkana era un *Homo ergaster [Homo erectus]* que vivió hace 1,6 millones de años. En su esqueleto casi completo, podemos apreciar que este chico tuvo problemas en una vértebra lumbar durante varios meses antes de su muerte, muy probablemente a consecuencia de una hernia. Tuvo dolor de espalda y

---

[8] Camilo J. Cela Conde, *Evolución humana,* 324–325. Cfr. Roberto Sáez, *Evolución humana*, 60-61.

ciática recurrente que restringirían, al menos temporalmente, sus actividades diarias, y requerirían de atención social y cuidados[9].

Este «chico» fue cuidado y ayudado por su familia, y gracias a ello pudo sobrevivir, aunque fuera solo unos meses. Tuvo unos padres humanos, que no querían desentenderse de su hijo. Es otro testimonio de la capacidad de amar.

Aproximadamente al mismo tiempo, a solo 40 km de distancia, vivía un individuo femenino. Tenía hipervitaminosis A. Su patología debió de desarrollarse a lo largo de semanas e incluso meses. Sufrió pérdida de pelo, agrietamiento de la piel y desprendimiento del tejido que envuelve los huesos, provocando fuertes hemorragias internas que cubren la superficie del hueso con coágulos. Este individuo sangró durante semanas o incluso meses antes de morir. Además, con motivo de su enfermedad, seguramente esta humana tendría episodios de dolor abdominal, náuseas, dolor de cabeza, mareos, visión borrosa, apatía, pérdida de coordinación muscular... Tuvo que estar inmovilizada e indefensa con dolores intensos durante mucho tiempo.

Alguien más se ocupó de ella. Sola, incapaz de moverse, delirando con dolor, no habría durado dos días en la selva africana. Alguien le trajo agua y probablemente comida. A menos que estuviera realmente cerca de una fuente de agua, su ayudante tenía algún tipo de recipiente para llevarle agua. Y alguien más la protegía de hienas, leones y chacales que merodeaban para obtener un sabroso bocado del que no podía huir. Alguien más se sentó con ella durante las largas y oscuras noches africanas sin ninguna otra razón que la preocupación humana. Sus huesos son un testimonio conmovedor de los inicios de la sociabilidad, de los fuertes lazos entre individuos[10].

---

9 ROBERTO SÁEZ, *Evolución humana,* 55.
10 Ibid., 56–57.

A partir de estos primeros fósiles y en los siguientes homininos, denisovanos, neandertales y *sapiens,* los testimonios de cuidados se multiplican, incluyendo a enfermos, ancianos, niños y personas discapacitadas[11]. Se da el gran salto de la compasión. Resuena la pregunta de Caín: «¿Acaso soy yo el guardián de mi hermano?»[12]. Eso es precisamente lo que los primeros seres humanos sintieron: que eran guardianes de sus hermanos; el amor los llevó al cuidado, a la compasión, a querer a las personas, y probablemente a recordarlas una vez muertas.

Facialización y monogamia

Un tema fascinante es el de cómo cambió la relación entre el hombre y la mujer, y la familia, con el *Homo erectus.* Es otro de los testimonios históricos que tenemos del amor. El *Homo erectus* tenía ya grandes dificultades para el parto, pues daba a luz a niños con un cerebro de gran tamaño, mientras que su pelvis se había estrechado por el cambio hacia el caminar erguido. Esto implica que los partos serían difíciles y con dolor, y que requerirían ayuda, porque, además del dolor procedente de la dilatación y de la postura de la madre al dar a luz, había que producir un pequeño giro en el niño durante el parto (el movimiento de rotación interna). Además, los niños nacían aún sin formar del todo, y eso requería un compromiso de cuidado que iba mucho más allá de los padres. Implicaba a toda la familia[13].

---

[11] Pueden verse muchos de estos casos en el libro que hemos citado en la nota anterior.

[12] *Génesis* 4, 9.

[13] Cfr. Camilo J. Cela Conde, *Evolución humana,* 168ss. Cfr. Juan Luis Arsuaga, *La especie elegida,* 262–263.

Pero el cambio que se dio fue mucho mayor que eso. El *Homo erectus* era monógamo. Esto significa que no se juntaban todos con todos, que un varón no tenía varias mujeres, sino que era hombre de una sola mujer. Al principio, los seres humanos se mantenían fieles a las parejas con las que tenían descendencia, probablemente, durante toda la vida. Desde una perspectiva meramente biológica, se observa que, cuando un chimpancé o un gorila reciben a una hembra con descendientes que no son suyos, simplemente los matan. Este comportamiento sugiere que los *Homo erectus,* que cuidaban de sus crías, eran monógamos y sabían que las crías que cuidaban eran exclusivamente suyas.

En nuestra especie se da la originalidad de que existe una relación sexual permanente, la mayor parte del tiempo sin función reproductora. Entre nosotros el sexo existe, además, para mantener unida a la pareja, es decir, está al servicio del amor [...]. Se ha discutido mucho qué se entiende por contribución de los padres (machos) al cuidado de las crías y cómo puede medirse eso y en qué grado se da en las diferentes sociedades humanas. En cualquier caso, no tiene nada que ver con la que se da en chimpancés, gorilas y orangutanes, donde los machos se despreocupan por completo de sus descendientes [...]. Para que un macho de los primeros seres humanos alimentase a una hembra con crías, tendría que estar seguro de que esas crías llevaban sus propios genes. Si las hembras de la especie no tenían periodos de celo [...], la única alternativa viable para asegurar la paternidad era la monogamia y la fidelidad sexual[14].

Las relaciones sexuales en el *Homo erectus* tuvieron un cambio que marcó una diferencia radical en la historia de la

---

[14] Cfr. Juan Luis Arsuaga, *La especie elegida*, 280–283. 289.

humanidad. Debido a la nueva situación de la pelvis, las relaciones se tenían cara a cara, no de espaldas. Esto implicaba que tanto el hombre como la mujer se veían y se reconocían mientras tenían relaciones, y por eso también el padre sabía que las crías eran suyas. A este «poner cara» al otro, al que se ama y con el que se tienen relaciones y se llega a la cumbre del orgasmo, se le llama «facialización».

Las investigaciones han ido mostrando que la aparición del ser humano está vinculada a la monogamización. Algunos antropólogos idearon una inspiradora teoría sobre el origen de la conciencia, basada en la alteridad que aporta la conyugalización [es decir, la consciencia de que el otro es una persona]. Esta deriva de los cambios en las conductas sexuales provocadas por los cambios anatómicos pelvianos asociados al erguimiento.

Los cambios físicos en las relaciones sexuales conllevarían un reconocimiento frontal y facial que cambiaría no solo el aspecto físico de las personas, sino las relaciones entre ellos. La nueva sociología que generó la facialización propició el reconocimiento de la singularidad, el enamoramiento y la constitución de vínculos permanentes. Algunos autores sostienen que la evolución que condujo al hombre fue posible por un revolucionario modo de relación entre madres e hijos. Otros implican a las abuelas y a otros parientes lejanos, que sería clave no solo para las opciones de supervivencia de las crías, sino que sería origen de una nueva sociología humana, un nuevo patrón de relación social y modelo de sociedad a partir de la experiencia revolucionada de hogar. La constitución de unidades familiares estructuradas por cónyuges monógamos es presentada como la condición que permitió la aparición de la particular sociología cooperativa humana y de la conciencia y del amor como singularidad. Lejos, por tanto, de aquel esquema del salvajismo a la civilización, la familia y la conyugalidad son estructuras no solo originarias, sino constitutivas de la condición humana, y el amor no es una extravagancia romance, sino la principal nota que creó lo humano.

Las nuevas investigaciones paleoantropológicas sobre la evolución humana sostienen que tanto la monogamia como la comunidad familiar son instituciones originarias y fueron cruciales para la constitución del ser humano. Las sociedades prehistóricas se caracterizaron por la relevancia de la cooperación, la compasión, la paz, la fraternidad y otros rasgos asociados a la peculiar sociología humana generada por la familiaridad[15].

Con la aparición de los primeros seres humanos, las relaciones cambian completamente. Aparece el amor. Las relaciones cara a cara implican conocimiento, amor y entrega, cuidado de los hijos y concepción de la familia. Al leer estos textos resuenan las palabras de Jesús: «Se acercaron a Jesús unos fariseos y le preguntaron, para ponerlo a prueba: "¿Es lícito a un hombre repudiar a su mujer por cualquier motivo?". Él les respondió: "¿No habéis leído que el Creador, en el principio, los creó hombre y mujer, y dijo: 'Por eso dejará el hombre a su padre y a su madre, y se unirá a su mujer, y serán los dos una sola carne?'. De modo que ya no son dos, sino una sola carne. Pues lo que Dios ha unido, que no lo separe el hombre". Ellos insistieron: "¿Y por qué mandó Moisés darle acta de divorcio y repudiarla?". Él les contestó: "Por

---

15 Fernando Vidal, *La revolución del padre. El padre que nace y crece con los hijos* (Ediciones Mensajero, 2018), 209–213. Pueden verse en su libro todas las referencias a los estudios que respaldan sus afirmaciones.

la dureza de vuestro corazón os permitió Moisés repudiar a vuestras mujeres; pero, al principio no era así"»[16].

¡Al principio no era así! Las últimas investigaciones científicas dan la razón a Jesús, y muestran no solo la compatibilidad, sino incluso la coherencia entre los datos científicos y la Revelación cristiana. Al principio, Dios creó a los seres humanos para que viviesen lo que hoy llamamos el matrimonio: un hombre y una mujer, fieles, unidos para toda la vida y abiertos a tener hijos.

La conyugalidad fue una estructura crucial de la hominización. El establecimiento de parejas estables, de carácter monogámico, formó sociedades binarias, la mínima sociedad de adultos, la más pequeña imaginable, la sociedad de dos. En la humanización fue clave la superación de la función egoísta de la vida, centrada en la propia supervivencia individual. Esa pareja no es solamente una suma de dos elementos, sino que conforma una asociación o sociedad mínima, pero en la que la complejidad es de una profundidad inescrutable. Descansa no solamente en la procreación o una alianza de reciprocidad, sino en una progresiva experiencia conyugal que la humanidad acabará llamando amor. La desaparición de la época de celo condujo a que la figura masculina permaneciera junto a la femenina en una relación sexual continua. Esta conyugalización llevó a una alianza más continua y profunda entre ambos y a formar una unidad biparental en la que el hijo tenía un reconocimiento personal de su padre y una presencia prolongada en el tiempo.

El papel del padre se revolucionó para hacer posible el ser humano. El padre humano se compromete con una intensi-

---

[16] *Mateo* 19, 3–8.

dad, imbricación y permanencia como nunca había sido conocido en el conjunto de los seres vivos. El padre no se suma como un segundo criador ni un protector externo, sino que aparece junto con la madre acogiendo como pareja al niño. Es una sociedad que acoge. El padre no estaba unido uterinamente al niño, pero tras su aportación en la fecundación, acompaña, cuida y custodia a esa unidad formada por madre e hijo[17].

Cerebro y racionalidad

Hemos visto, con los testimonios que tenemos de compasión y con el cambio que supuso el tener relaciones cara a cara, cómo se atestigua el amor en la presencia de los primeros seres humanos; un amor que es de esposos, de padres, de familia, de cuidado incluso de los desvalidos, los ancianos y los enfermos. Esto implica la presencia de racionalidad en el *Homo erectus*, un cambio que también tiene que ver con el desarrollo del cerebro. En los primeros seres humanos, como hemos visto, se da un aumento de la masa encefálica hasta un promedio que va de unos 700 a 1 250 centímetros cúbicos. Tengamos presente que nuestro cerebro es solo un poco mayor, de un tamaño de unos 1 400 centímetros cúbicos. El de los chimpancés está entre los 300 y los 500 centímetros cúbicos. En los últimos dos millones de años, es decir, desde la aparición del *Homo erectus*, se concentra la mayoría del incremento de la encefalización, es decir, del desarrollo del cerebro[18].

---

[17] Fernando Vidal, *La revolución del padre*, 216–217.
[18] Roberto Sáez, *Evolución humana*, 67.

Vamos conociendo un buen número de indicios de cambios en el cerebro en las primeras especies humanas, no solo referidos al incremento de su volumen, sino a su organización: observamos modificaciones en su forma que afectan a unas áreas más que a otras. En definitiva, el registro fósil hominino parece contar una clara historia: el inicio de una reconfiguración importante del cerebro hace dos millones de años. Viendo el resultado, ya podemos imaginar que los principales cambios tenían mucha relación con las funciones de socialización[19].

Sin embargo, aunque el tamaño del cerebro es importante, no es lo más importante[20]. Los fósiles nos dejan un testimonio de la capacidad craneal de los individuos, pero no de la complejidad de sus cerebros y de las conexiones neuronales. Efectivamente, se comprueba que el desarrollo de los cerebros humanos en comparación con los de los primates, no solo es mayor en tamaño, sino en complejidad: la corteza cerebral se hace más compleja y se retuerce más, con un mayor desarrollo del lóbulo frontal y una mayor cantidad de conexiones neuronales[21].

«El lóbulo frontal también ha crecido en los humanos, pero en una proporción que se corresponde con el incremento general del tamaño cerebral. En todo caso, un lóbulo frontal grande es importante para la evolución de funciones como la planificación y anticipación de acontecimientos, el control de la conducta y la concentración, la socialización y el control del uso de la memoria para integrar experiencias y aprendizaje en la toma de decisiones. En particular, en la compasión y la

---

19 Ibid., 70.

20 Cfr. EMILIANO BRUNER, *La evolución del cerebro humano*, 43.

21 Cfr. Ibid., 33. 49.

empatía»[22]. Todas estas características no se quedan fosilizadas, ya que los cerebros no se fosilizan; solo los cráneos. De hecho conservamos casos de cuidado y enterramiento y de otros usos culturales en algunos *Homo* que tenían el cerebro más pequeño por diversas razones evolutivas[23]. En estos casos, la cuestión clave no fue tanto el tamaño del cerebro cuanto su desarrollo.

Todo esto significa que en el *Homo erectus* los cambios que hemos visto muestran que se trataba de un ser racional en el sentido que hemos expresado más arriba. En él se produce este «salto» a la racionalidad. El cerebro y el sistema neuronal de los primeros seres humanos evoluciona para que en ellos pueda expresarse de un modo completo el alma racional, capaz de abstracción, y con sus condiciones psíquicas particulares. La mente no surge de la materia, sino que, aunque es posibilitada por el cerebro, va más allá del cerebro. «Las teorías de la evolución que, en función de las filosofías en las que se inspiran, consideran que el espíritu surge de las fuerzas de la materia viva o que se trata de un simple epifenómeno de esta materia, son incompatibles con la verdad sobre el hombre. Por otra parte, esas teorías son incapaces de fundar la dignidad de la persona»[24].

El sistema neurológico del hombre supone un cambio radical respecto de sus antepasados, y cuando aparece el *Homo erectus,* se hace por fin capaz de expresar al alma, a la mente. El ser humano es entonces definido como animal racional, aquel en

---

[22] Ibid., 71.

[23] Es el caso de *Homo naledi* en África y de *Homo floresiensis,* en la isla de Flores.

[24] San Juan Pablo II, *Discurso a la Pontificia Academia de las Ciencias (1996),* 5.

el cual se ha dado un cambio tan impresionante que es capaz de abstraer, comunicarse, de tener un pensamiento simbólico y complejo, de tener autoconciencia; y esto es lo que le capacita para ser libre y para amar.

No debemos olvidar, sin embargo, que, como hemos señalado, los primeros seres humanos vivían en una relación especial con Dios: eran inocentes y no habían caído, su naturaleza no se había corrompido. Participaban de algunos dones sobrenaturales de Dios que también influyeron en su intelecto. Después de la caída, estos dones se perdieron, por lo cual probablemente también la capacidad racional de estos seres humanos decayó de su estado original. Por eso podemos imaginarlos con una inteligencia y capacidad intelectual inferior a la nuestra, correspondiente a su desarrollo cerebral. Sin la gracia de Dios, un cerebro más pequeño que el nuestro daría lugar a una especie que, aunque capaz, como hemos visto, de grandes cosas, tendría una racionalidad más limitada. Solo con el correr de los años, el cerebro de desarrolló alcanzando sus dimensiones actuales, y proporcionando también el desarrollo técnico y social que ello conllevaba. Sería muy interesante saber qué habría pasado si Adán y Eva no hubieran pecado. Pero esa pregunta la dejamos para cuando nos encontremos cara a cara con Dios.

Religión

La religión no deja huellas fósiles. No sabemos si los primeros seres humanos tendrían alguna forma de religión después de haber roto la comunión con Dios. Yo especulo que los primeros seres humanos sí la tendrían, ya que habían experimentado esa relación especial con Dios hasta que pecaron; pero quizá entre sus descendientes la cosa cambió. En todo caso, es curiosa una conclusión a la que han llegado los estudiosos de la historia de las religiones. Los vestigios más originales de religión no muestran una etapa animista o espiritista, como siempre se suele decir; como si los primeros seres humanos hubieran creído en los espíritus, después hubieran inventado la mitología, y solo tras mucho tiempo hubieran inventado el monoteísmo. Sucedió más bien al revés. Todas las culturas religiosas muestran una creencia original en un único Dios, un único Principio que, de pronto, se desplaza hasta lo más lejano del cielo; tras lo cual, los seres humanos crean mitos o espíritus para llenar ese vacío.

«La creencia inicial de los seres humanos no fue el animismo ni la mitología, como muchas veces se piensa, sino la existencia en un único Dios creador de todo. Esta fue la fe inicial del ser humano, que solo después fue cambiando progresivamente[25]. Poco a poco, por una causa desconocida, las culturas humanas fueron relegando a ese Dios creador a una trascendencia cada vez más lejana, hasta que llegaron a considerarlo un "Dios ocioso" que se había desentendido del mundo, su creación»[26]. Estas constataciones de la fenomenología de la religión coinciden con lo que señala el cristianismo: que los primeros hombres tuvieron una relación especial con el único Dios creador, pero que, tras romper esa relación con Él por el pecado, sintieron la lejanía de Dios, lo cual llevó a que las sucesivas generaciones humanas dieran lugar a los mitos,

---

[25] Cfr. Autores Varios, *El mundo de las religiones* (Verbo Divino y Ediciones Paulinas, Madrid 1985), pp. 34–37. Cfr. Gilbert K. Chesterton, *El hombre eterno* (Ediciones Cristiandad, Madrid 2017), p. 118ss.

[26] Cfr. Mircea Eliade, *Historia de las creencias y de las ideas religiosas. De la Edad de Piedra a los Misterios de Eleusis*, pp. 52. 91. 126–128. 206. Citado en Jesús María Silva Castignani, *El fracaso del ateísmo. Cultura posmoderna y fe razonable* (Ediciones Palabra, 2022), 136.

que rellenaron el lugar de Dios, mientras el Dios verdadero iba quedando relegado al olvido en lo más alto del cielo, hasta que se reveló a Abraham hace 4 000 años.

Uno de los comportamientos que más se ha solido relacionar con un comportamiento religioso explícito y claro son los enterramientos: el hecho de que los seres humanos no abandonasen los cadáveres, sino que les dieran sepultura de alguna forma más o menos simbólica. Aunque las evidencias claras de enterramientos intencionales que tenemos son relativamente recientes (de hace medio millón de años); sin embargo, eso no quiere decir que antes de entonces no hubiese un cierto cuidado de los muertos. El hecho de que no se hallen restos no quiere decir que simplemente se dejara abandonados a los muertos. Los fósiles que nos han llegado tras millones de años pueden haber sufrido toda clase de desplazamientos, desgastes, cambios, etc. Solo en algunos casos se han podido conservar más o menos tal como se produjeron. Ciertamente, los restos de la Sima de los Huesos en Atapuerca (España) de hace 430 000 años suponen la acumulación deliberada de restos humanos. Pero estos se nos han conservado precisamente por una serie de características inusuales. Si hubo alguna práctica mortuoria anterior, es prácticamente imposible que nos haya llegado.

Es cierto que la costumbre de espolvorear ocre rojo sobre los restos de los muertos es muy antigua, y está extendida «desde Chu-ku-tien hasta las cosas occidentales de Europa, en África hasta el Cabo de Buena Esperanza, en Australia, en Tasmania, en América hasta la Tierra del Fuego»[27]. Ciertamente, los enterramientos y los rituales en torno a la muerte tienen

---

[27] Mircea Eliade, *Historia de las creencias y de las ideas religiosas*, 31.

un significado religioso. De todos modos, «el abandono puro y simple del cadáver en una espesura, el desmembramiento, la costumbre de echarlo como pasto a las aves, la huida precipitada de la habitación dejando en ella el cadáver, no significan la falta de creencias en una vida más allá de la muerte»[28]. Incluso aunque no hubiera habido ninguna forma de enterramiento, ello no muestra una ausencia de creencia en la vida después de la muerte ni una ausencia de religión.

C. Reichel–Dolmatoff registró el modo de enterrar que tienen actualmente los indios *kogis* en Colombia. Está lleno de ritos, gestos, signos, palabras, fórmulas, y apenas se dejan unos guijarros en la tumba junto al cuerpo, que se entierra con la cabeza hacia oriente. El autor señala que un arqueólogo del futuro que descubriese esos restos solo encontraría a un esqueleto con la cabeza orientada al este y algunas piedrecillas. Los ritos y la ideología religiosa que contienen no serían recuperables a partir de los restos[29]. Lo mismo puede suceder con las formas religiosas que tuvieran los seres humanos durante un millón de años. El hecho de que no hallemos restos claros y evidentes no quiere decir que no hayan tenido comportamientos religiosos.

Si consideramos a los hombres antiguos como hombres completos, se sigue de ahí que poseían también cierto número de creencias y que practicaban determinados ritos. Pues, como ya hemos dicho, la experiencia de lo sagrado constituye un elemento más de la estructura de la conciencia. Dicho de otro modo, si nos

---

[28] Leroi-Gourhan, *Les religions de la préhistoire,* 54.

[29] C. Reichel-Dolmatoff, *Notas sobre el simbolismo religioso de los indios de la Sierra Nevada de Santa María, en Razón y fábula. Revista de la Universidad de los Andes,* I (1967), 55–72.

planteamos la cuestión de la religiosidad o de la falta de la religiosidad de los hombres prehistóricos, corresponde a los partidarios de la falta de religiosidad aportar pruebas en apoyo de su hipótesis. Pero si se admite que ya los hombres antiguos poseían una religión, resulta difícil, por no decir prácticamente imposible, precisar su contenido [...]. Nunca se insistirá lo bastante en la riqueza y la complejidad de la ideología religiosa de los pueblos cazadores. Y en la imposibilidad casi total de afirmar o negar su existencia entre los hombres antiguos [...]. Como se ha repetido ya tantas veces, las creencias y las ideas no son fosilizables. Dejar en blanco una parte enorme de la historia del espíritu humano podría llevarnos a fomentar la idea de que durante todo ese tiempo la actividad del espíritu se limitaba a la conservación y la transmisión de la tecnología. Pero semejante opinión sería no solo errónea, sino además nefasta para el conocimiento del hombre[30].

Conclusión

Lo que nos hace humanos, lo que expresa la presencia de un alma humana, es la presencia de racionalidad, libertad y capacidad de amar. Según lo que he podido estudiar, estas cualidades se dan por primera vez en el *Homo erectus*, aparecido hace unos 1,9 millones de años. En este primer ser humano, la empatía, el cuidado de los enfermos, el comportamiento racional, el lenguaje, el aumento del tamaño del cerebro, el cambio en la configuración de las relaciones y de la sociedad, todo ello apunta a un «salto» que llevó a la hominización.

Así, Adán y Eva habrían sido los primeros *Homo erectus*, que vivieron en África. Según nos dice la Revelación, tenían

---

[30] Mircea Eliade, *Historia de las creencias y de las ideas religiosas*. 26. 29-30.

una relación especial con Dios que les daría una serie de capacidades sobrenaturales que iban más allá de lo que era natural para ellos, entre otras cosas, el dominio sobre la creación, la ausencia de sufrimiento y la inmortalidad. Pero estos primeros seres humanos pecaron, y rompieron esa comunión con Dios. Esto llevó a que las generaciones posteriores, buscando a tientas a Dios, desarrollaran los mitos y las creencias que proliferaron hasta los tiempos de la Revelación del único Dios a Abraham.

Enseguida los *Homo erectus* se expanden por el mundo, como «huyendo» o saliendo del paraíso, al mismo tiempo que se da una aridificación del clima. Todo ello quizá influyó en los antiguos mitos del hombre expulsado del Jardín. Estos primeros seres humanos dieron lugar después, también por evolución, a otros seres humanos de especies diferentes, como el *Homo heidelbergensis*, entre otros, del cual procedieron después los neandertales, los denisovanos y, finalmente, el *Homo sapiens*. Estas especies coexistieron durante miles de años, hasta que, hace unos 40 000 años, quedamos solo los *Homo sapiens* como herederos de la gracia que recibieron nuestros padres. Poco tiempo después, cuando por fin el ser humano estaba dispuesto tras milenios de lenta preparación, Dios se hizo presente en el mundo para rescatar a su creación del pecado y de la muerte, y manifestarle el increíble destino al que estaba llamada.

Quiero insistir en que la hipótesis de que el *Homo erectus* fue el primer ser humano es mi opinión personal, basada ciertamente, como he mostrado, en datos fiables. Sin embargo, puedo estar equivocado. Quizá las cosas fueron de otra manera. Son la ciencia, por un lado, y la Iglesia, por el otro, las que pueden señalar lo acertado o equivocado de mi planteamiento. En todo caso, todo esto muestra la riqueza del alma humana y, sobre todo, la perfecta compatibilidad entre fe cristiana y evolución.

CAPÍTULO 6

OTRAS CUESTIONES SOBRE EL LIBRO DEL GÉNESIS

A lo largo de mi investigación para escribir este libro, han ido surgiendo algunas «curiosidades» que tienen una cierta correspondencia con relatos que aparecen en los primeros capítulos del libro del Génesis. Como ya hemos explicado, estos capítulos no relatan literalmente hechos históricos. Pero sí que podrían recoger historias y narraciones antiguas, transmitidas de generación en generación, que han podido quedar en la memoria colectiva de la humanidad, como reflejos de eventos arcaicos que sí tuvieron lugar. De hecho, hay muchos relatos del Génesis que aparecen en otras culturas antiguas, de formas parecidas. Puede que se trate de recuerdos atávicos que han dejado su huella en la transmisión de la cultura.

Esta parte del libro es, pues, más bien «anecdótica». Ofrezco algunas correspondencias entre eventos históricos y relatos que se contienen en los primeros capítulos del libro del Génesis. Pueden quizá ayudar a comprender en qué sentido los primeros capítulos del libro del Génesis están también inspirados, y a qué se refiere la Iglesia cuando dice que el primer sentido que ha de retenerse de la Sagrada Escritura es el sentido literal[1].

Las edades del mundo y el orden de la creación

El capítulo 1 del libro del Génesis nos dice que Dios creó en seis días. Estos seis días pueden ser entendidos como periodos de tiempo, si bien es evidente que el orden exactamente establecido por el autor del Génesis no corresponde exactamente con el camino por el que fueron apareciendo los diferentes elementos de nuestro mundo. Sin embargo, he querido hacer un ejercicio de división de la historia del mundo en seis etapas, para constatar la secuencia de eventos que explica el libro del Génesis. Es un ejercicio de curiosidad, pero me ha resultado muy interesante.

Si consideramos **la creación del universo** como el evento inicial desde el que dividir el mundo en seis etapas hasta la aparición del hombre, podemos establecerlo así:

Primer día: separación de la luz y las tinieblas. Edad Primordial

Esta etapa corresponde al momento del Big Bang, ocurrido hace aproximadamente **13 800 millones de años**, cuando el Universo comenzó a existir. En esta fase, la energía y la materia estaban unidas en un estado de caos extremo. A medida que el Universo se expandió y enfrió, surgieron las partículas fundamentales y, eventualmente, los primeros átomos. La «luz» puede simbolizar la radiación cósmica de fondo, que marcó el momento en que los fotones pudieron moverse libremente, separándose de las «tinieblas» del plasma primordial.

---

[1] Catecismo de la Iglesia Católica, 116.

Segundo día: separación de las aguas de arriba y las aguas de abajo. Edad de las Galaxias

En esta etapa, que comenzó hace unos **13 400 millones de años**, la materia se concentró en regiones más densas, formando las primeras estrellas y galaxias. Estas estructuras cósmicas separaron simbólicamente el «cielo» (las regiones de luz y energía) y la «tierra» (las regiones de materia condensada). Este proceso puede interpretarse como una organización del Universo que permitió la formación de sistemas estables.

Tercer día: surgimiento de la tierra firme y las plantas. Edad Estelar

Desde hace aproximadamente **12 800 millones a 4 800 millones de años**, las estrellas comenzaron a producir elementos más pesados, como el carbono y el oxígeno, fundamentales para la vida. Los planetas rocosos, como la Tierra, se formaron a partir de los restos de explosiones estelares. La «tierra firme» puede representar la aparición de cuerpos planetarios sólidos, mientras que las «plantas» pueden representar las primeras condiciones propicias para la vida en estos mundos.

Cuarto día: creación del sol, la luna y las estrellas. Edad Planetaria

En este periodo, el Sistema Solar se formó hace unos **4 600 millones de años**, con el Sol como su estrella central y los planetas orbitando a su alrededor. La Luna se formó poco después, posiblemente, debido a un gran impacto. Aunque los astros ya existían, esta etapa refleja la organización específica de nuestro entorno cósmico, proporcionando ciclos de día y noche esenciales para la vida futura.

Quinto día: creación de los animales acuáticos y las aves. Edad de la Vida

Esta etapa comenzó hace aproximadamente **4 000 millones de años** con la aparición de las primeras formas de vida en los océanos. Durante miles de millones de años, la vida evolucionó desde microorganismos hasta animales multicelulares, peces, reptiles, aves y mamíferos. La explosión del Cámbrico (hace 541 millones de años) marcó una diversificación significativa de la vida en los océanos, mientras que la evolución de los dinosaurios y las aves dominó los cielos.

Sexto día: creación de los animales terrestres y del hombre. Edad del Hombre

Esta etapa comenzó hace unos **2 millones de años,** cuando apareció el *Homo erectus,* el primer homínido que mostró un desarrollo significativo de herramientas y comportamiento social avanzado. Esta etapa culmina con el *Homo sapiens,* que se convirtió en el actor principal de la creación, dominando la Tierra y reflexionando sobre su lugar en el Universo, como se describe en el relato del Génesis.

Si consideramos **la aparición del Sistema Solar** como el evento inicial desde el que dividir el mundo en seis etapas hasta la aparición del hombre, podemos establecerlo así:

Primer día: separación de la luz y las tinieblas. Etapa Hadeica (hace 4 600 – 4 000 millones de años).

Esta etapa corresponde al inicio de la formación de la Tierra, hace aproximadamente 4 600 millones de años, en un estado caótico. Durante este periodo, la Tierra estuvo cubierta de magma debido a los constantes impactos de meteoritos y la energía liberada por su formación. La «separación de la luz y las tinieblas» puede simbolizar el paso del caos inicial al establecimiento de un planeta en formación, con la energía (calor) y materia comenzando a organizarse.

Segundo día: separación de las aguas de arriba y las aguas de abajo. Etapa Arcaica (hace 4 000 – 2 500 millones de años).

Durante esta etapa, hace 4 000 millones de años, se formaron los océanos y una atmósfera primitiva alrededor de la Tierra. Esto puede simbolizar la separación entre las «aguas de arriba» (la atmósfera y las nubes) y las «aguas de abajo» (los océanos). Fue un periodo crucial en el que las condiciones para la vida comenzaron a desarrollarse.

Tercer día: surgimiento de la tierra firme y las plantas. Etapa Proterozoica (hace 2 500 – 541 millones de años).

En esta etapa, hace aproximadamente 2 500 millones de años, surgieron los primeros continentes debido a la actividad tectónica. Además, aparecieron los primeros organismos fotosintéticos, como las cianobacterias, que producen oxígeno y transforman la atmósfera. Este oxígeno permitió la aparición de ecosistemas más complejos, simbolizando el «surgimiento de la tierra firme» y la llegada de la vida que transforma el entorno.

Cuarto día: creación del sol, la luna y las estrellas. Etapa Paleozoica (hace 541 – 252 millones de años).

Aunque los astros ya existían, esta etapa puede simbolizar el momento en que el ciclo de día y noche y las estaciones se vuelven esenciales para la vida en la Tierra. En el

Paleozoico, las plantas comenzaron a colonizar la tierra, dependiendo de la luz solar para la fotosíntesis. Además, la vida marina y terrestre evolucionó significativamente, mostrando cómo los ciclos naturales comenzaron a regular la vida en la Tierra.

Quinto día: creación de los animales acuáticos y las aves. Etapa Mesozoica y Cenozoico temprano (hace 252 millones – 2 millones de años).

Esta etapa corresponde a la explosión y diversificación de la vida, especialmente de los animales acuáticos y voladores. En el Mesozoico, los océanos estaban llenos de reptiles marinos, y los dinosaurios dominaron la tierra, evolucionando más tarde en aves. Simbólicamente, esta etapa representa la plenitud de la vida en los cielos y mares, aunque ciertamente ya existían muchos reptiles, mamíferos y animales terrestres.

Sexto día: creación de los animales terrestres y del hombre. Etapa Cenozoico reciente (hace 2 millones de años en adelante).

En esta etapa, hace aproximadamente 2 millones de años, aparecen los grandes mamíferos terrestres y los primeros homínidos, como el *Homo erectus,* quien, según el relato bíblico, fue creado «a imagen y semejanza de Dios» y encargado de cuidar la creación. Es el momento en que la humanidad toma un papel central en el desarrollo de la historia de la Tierra.

Esto no pasa de ser simplemente un ejercicio de establecer correspondencias, pero siempre me ha resultado curiosa la secuencia de acontecimientos tal como la relata el libro del Génesis.

Parirás hijos con dolor

Los primeros *Homo erectus*, según nuestra tesis, fueron Adán y Eva, que vivían en esa comunión con Dios. Sin embargo, fueron tentados por el enemigo, desobedecieron el mandato de Dios y perdieron la gracia de la inocencia original. Ya he señalado lo curioso que resulta que en torno a la aparición del *Homo erectus* se diese una aridificación de su zona de origen, y también lo curioso que resulta su rápida expansión fuera de África por todo el mundo. Lo interpreto como una simbólica «expulsión del paraíso».

En el libro del Génesis, Dios señala al hombre y a la mujer las consecuencias de su pecado. En concreto, a la mujer le dice: «Mucho te haré sufrir en tu preñez, y parirás hijos con dolor»[2]. En la Biblia es normal que se atribuya algo que simplemente sucede al hombre como si el autor directo fuese Dios; aquí el autor no se refiere a que Dios la tome con la mujer y la castigue, sino que está señalando una de las consecuencias de la pérdida del estado de gracia que tenían los primeros seres humanos.

Me resulta curioso que, precisamente, *el Homo erectus* es el primer hominino en el que hay un cambio en la estructura de la pelvis y un aumento del cerebro del feto, que produce un gran cambio en el parto de la mujer[3]. En efecto, antes del *Homo erectus*, los partos eran fáciles y relativamente indolo-

---

[2] *Génesis* 3, 16.
[3] Cfr. Jeremy M. DeSilva, *Childbirth and Infant Care in Early Human Ancestors: What the Bones Tell Us*, en *Evolutionary Perspectives on Infancy* (2022). Cfr. Anna Blackburn Wittman y L. Lewis Wall, *The Evolutionary Origins of Obstructed Labor: Bipedalism, Encephalization, and the Human Obstetric Dilemma*, en *OBSTETRICAL AND GYNECOLOGICAL SURVEY Volume 62, Number 11, (2007)*. Cfr. https://obgynkey.com/evolution-of-the-human-pelvis-and-obstructed-labor-new-

ros, con el *Homo erectus* se da un cambio radical. La mujer tiene que parir de un modo distinto, con una dilatación del cuello del útero y con gran dolor, y el niño tiene que salir con esfuerzo y acompañado de ciertas maniobras. El parto se convierte en un evento doloroso y para el que es necesaria la ayuda.

Desde el punto de vista biológico, esto es debido al cambio de la configuración de la pelvis al volverse el ser humano erguido. No deja de resultar curioso que precisamente sea el parto doloroso una de las consecuencias que el autor del libro del Génesis señala como consecuencia del pecado.

Caín y Abel

Esta historia bíblica refleja el desorden de la creación tras el pecado, y cómo el hombre, que era capaz de amar y de cuidar a los demás, también se vuelve capaz de odiar y de matar a sus semejantes. Caín tuvo envidia de Abel. «Caín se enfureció y andaba abatido. El Señor dijo a Caín: "¿Por qué te enfureces y andas abatido? ¿No estarías animado si obraras bien?; pero, si no obras bien, el pecado acecha a la puerta y te codicia, aunque tú podrás dominarlo". Caín dijo a su hermano Abel: "Vamos al campo". Y, cuando estaban en el campo, Caín atacó a su hermano Abel y lo mató»[4]. Desde los primeros seres humanos, esto es algo que constatamos en muchos restos humanos, en los que se detectan asesinatos, sacrificios humanos e incluso canibalismo. El ser humano era capaz de compasión, como hemos visto, pero también de todo lo contrario[5].

---

explanations-of-an-old-obstetrical-dilemma/, consultado el 15 de enero de 2025.

[4] *Génesis* 4, 5–8.

[5] Roberto Sáez, *Evolución humana,* 19.

En mis estudios he encontrado un caso paradigmático del «asesinato de Abel». En la Sima de los Huesos, en Atapuerca (España), nos encontramos un caso digno de mención.

Hemos observado en sus comportamientos que eran capaces de lo mejor: amar, colaborar, enseñar y cuidar. Pero también hemos constatado otros comportamientos igualmente muy humanos, pero reflejo de otras conductas no tan buenas: eran capaces de quitar vidas. La excepcional colección de fósiles de la Sima incluye el primer caso documentado de un asesinato en la prehistoria.

Un cráneo que perteneció a un individuo de entre 15 y 20 años sufrió dos fracturas en el hueso frontal por encima de la órbita ocular izquierda. Los golpes se hicieron con el mismo objeto en dos impactos diferentes y con distintas trayectorias. Dado que las fracturas no cicatrizaron, fueron el motivo de su muerte. Este lance reúne las características de violencia interpersonal frecuentemente registradas en el ámbito de la antropología forense. Que las dos fracturas sean idénticas descarta un accidente, dado que un individuo que se cae no se golpea con un mismo objeto dos veces en dos ángulos distintos. Otro humano, seguramente diestro, le asestó dos golpes con un objeto duro en el lado izquierdo de la cara, con la intención de agredirle. Es imposible averiguar las causas de esta acción a partir de las evidencias con que contamos. Lo que sí podemos hacer es poner este ejemplo en el contexto del proceso de la socialización a lo largo de la evolución humana, donde las conductas compasivas van surgiendo desde hace dos millones de años, pero también las agresivas[6].

Al leer este caso no pude menos que acordarme de aquel primer fratricidio que marcó un antes y un después en la historia humana, en la que aquellos que deberían haberse

---

[6] Ibid., 97–98.

comportado como hermanos comenzaron a destruirse unos a otros, no en legítima defensa, sino con ansias de tipo destructivo, ideológico o por pasiones como la rabia, los celos o la envidia. El caso de Caín y Abel es paradigmático de a dónde puede llegar el ser humano cuando se aleja de Dios. Pues es la consciencia de que somos todos criaturas de Dios la que puede hacer que nos demos cuenta de que todos somos hermanos; es lo único que puede acabar con la violencia en nuestro pequeño mundo.

Hemos señalado también cómo al principio los seres humanos eran monógamos, y cómo Jesús enseñó que al principio Dios creó al hombre para que tuviese una mujer. En el libro del Génesis se explica que los descendientes de Caín fueron los primeros que cayeron en la poligamia[7]. De este modo se señala de nuevo que la poligamia, así como el repudio, fueron consecuencia del pecado original, y no estaban en el plan inicial de Dios. También en esto el libro del Génesis corresponde con los datos de la paleoarqueología y con los datos de la Revelación.

Los nefilim

Un texto que ha captado siempre la atención de los lectores de la Biblia es el que se refiere a los *nefilim,* muchas veces traducido como «gigantes». «Cuando los hombres comenzaron a multiplicarse sobre la superficie del suelo y engendraron hijas, los hijos de Dios vieron que las hijas de los hombres eran bellas y se escogieron mujeres entre ellas. Por aquel tiempo estaban los *nefilim* en la tierra; e incluso después, cuando los hijos de Dios se unieron a las hijas de los hombres y engen-

---

[7] Cfr. *Génesis* 4, 19.

draron hijos. Estos fueron los héroes de antaño, los hombres de renombre»[8].

La existencia de héroes considerados como semidioses y de gigantes aparece en prácticamente todas las culturas y religiones de las que tenemos noticia: en las mitologías griega, mesopotámica, celta, nórdica, china, americana... Es como si hubiese un recuerdo ancestral de grandes héroes y de gigantes, de criaturas distintas, capaces de grandes proezas, que después hubieran sido mitificadas. Algunas personas dicen que el tema de los gigantes se puede referir a personas afectadas de gigantismo. En el tiempo reciente tenemos el caso de Robert Wadlow, muerto en 1940, que a consecuencia de una enfermedad llegó a alcanzar una altura de 2,72 metros y un peso de 222 kg. Sus fotografías pueden verse en internet. Ha habido más casos de gigantismo, y, aunque no se han hallado fósiles de hombres de dimensiones «gigantescas», puede ser que estos hayan existido y hayan dejado su huella en la memoria colectiva.

El término hebreo *nefilim,* etimológicamente, significa más bien «los caídos» o «los que fueron destruidos». El texto bíblico habla de una hibridación, de un cruce entre «los hijos de Dios» y «las hijas de los hombres». ¿Podría ser esto un recuerdo ancestral del intercambio sexual que hubo entre los *Homo sapiens* y los neandertales? Los últimos estudios científicos han demostrado que, efectivamente, hubo hibridación entre estas dos especies, y también con los denisovanos[9]. Se puede establecer con bastante exactitud que, hace unos 55 000 años, precisamente en el entorno de lo que hoy es Is-

---

[8] *Génesis* 6, 1–4.
[9] Cfr. Camilo J. Cela Conde, *Evolución humana*, 635–636. 667.

rael, se produjo esa hibridación entre estas diferentes especies[10]. Quizá los *Homo sapiens* se pudieran percibir a sí mismos como «los hijos de Dios» y a los neandertales, como «los hijos de los hombres»; es decir, que pudieron pensar que de algún modo eran «superiores». No en vano fue la especie que sobrevivió.

Es posible que este episodio tan ancestral de la Biblia pueda ser el eco de la memoria de ese extraño momento en que algunos *Homo sapiens* se unieron a los neandertales. «El primer contacto entre las dos especies se produjo en esa especie de puente entre África y Eurasia, que ha sido cruce de caminos, vía de difusiones, migraciones, diásporas humanas desde la más antigua prehistoria: el Oriente Próximo. Allí tuvieron lugar un cierto número de cruces (…). Una porción de ADN neandertal se metió en el genoma de la especie moderna con ocasión de su primera salida de África, dado que está presente en todas las poblaciones humanas actuales, excepto en las africanas (…). Los neandertales y los hombres modernos provenían de contextos genéticos en los límites de la compatibilidad biológica, tanto que los descendientes de estas uniones habrían tenido una fertilidad reducida, especialmente los híbridos masculinos»[11].

Los neandertales eran más robustos y musculosos que los *Homo sapiens,* con mayores mandíbulas, narices anchas y cráneos más grandes. Aunque tenían un cerebro mayor, su organización cerebral estaba menos optimizada. Los Homo sapiens los reconocerían como una especie distinta, menos inteligente, y es posible que atribuyesen eso a alguna causa

---

[10] Cfr. GIORGIO MANZI, *Últimas noticias de la evolución humana,* 198–199.
[11] Ibid., 171–173.

religiosa o a algo por el estilo; también es cierto que es posible que la extinción de los últimos neandertales fuese a manos de los *Homo sapiens.* Quizá de todo ello viene el nombre «nefilim»: los caídos, los que fueron destruidos.

El texto bíblico parece señalar que los nefilim, que eran hijos de los «hijos de Dios» y las «hijas de los hombres», fueron los héroes de antaño. Quizá fueron más fuertes y vigorosos, o combinaron lo mejor de ambos linajes, y por ello se conserva una memoria de sus «grandes proezas» que los hicieron «hombres de renombre». En todo caso, resulta curioso que la Biblia recoja que estos «gigantes» —quizá un modo de llamar a los neandertales, no tanto por ser altos como por ser más corpulentos y robustos— acabaron desapareciendo: «Allí nacieron los gigantes, famosos en la antigüedad, corpulentos y belicosos. Pero Dios no los eligió ni les mostró el camino del saber; murieron por falta de prudencia, perecieron por falta de reflexión»[12].

Por supuesto, esto no es más que una curiosidad, una hipótesis para justificar la memoria de los héroes y los gigantes que se conserva no solo en la Biblia, sino en tantas culturas antiguas. Muchos autores señalan que los mitos suelen tener una base en la realidad, que después se ha mitificado. ¿Y si el gran Hércules no fue otra cosa que un gran neandertal, o un hijo de un *sapiens* y un neandertal, que por su vigor y su fuerza extraordinarios hizo cosas que dejaron una huella en la memoria colectiva de la humanidad? Resulta curioso que en las culturas antiguas se llame «semidioses» a esos héroes, al tiempo que la Biblia dice que eran fruto de la unión de los

---

[12] *Baruc* 3, 26-28.

hijos de Dios y las hijas de los hombres. En todo caso, no pasa de ser una sugerencia ocurrente.

El diluvio

La historia del diluvio cuenta que estuvo lloviendo durante cuarenta días y cuarenta noches, porque Dios quería exterminar a toda la humanidad menos a las ocho personas que Noé subió al arca que construyó, de modo que se dio la desaparición de todos los seres humanos menos de Noé y los suyos, que repoblaron la tierra[13]. Por descontado y como ya hemos señalado, este relato no es histórico y no tenemos ninguna evidencia de que la tierra haya estado cubierta totalmente de agua desde que existe el hombre. Sin embargo, en muchas culturas antiguas se conserva la memoria de una catástrofe de tipo diluvial que puede ser el reflejo de algún evento real.

En la cultura mesopotámica, dos textos que conservamos hablan de un diluvio que destruiría a la humanidad: el Poema de Gilgamesh y el Atrahasis. En ambos textos, el protagonista construye un barco para salvarse a sí mismo y a su familia. En la mitología griega se dice que Zeus envió un gran diluvio a la tierra para acabar con la humanidad, y que Deucalión y su mujer se salvaron construyendo un arca. En la cultura hindú se cuenta que, tras ser avisado de que va a haber un gran diluvio, el sabio Manu construye un arca y recoge semillas y pares de animales para repoblar la tierra. En los mitos mayas y aztecas existe también la historia de un gran diluvio enviado por los dioses para destruir la tierra, así como en algunas tribus del norte de América. En todas estas historias se salvan solo unos pocos.

---

[13] Cfr. *Génesis* 6.

¿Hubo algún evento catastrófico que pueda haber dejado una profunda huella en la memoria de la humanidad antes de su extensión por el mundo, incluida América? Ya hemos hablado de la catástrofe del volcán Toba. Esta catástrofe de hace unos 74 000 años produjo un cambio climático que supuso la muerte de muchísimos *Homo sapiens,* neandertales, denisovanos, *Homo erectus,* etc. Ya hemos mencionado que la genética nos habla de un «cuello de botella» en el que más o menos en esa época la humanidad se vio reducida a unos pocos individuos. Fue después cuando de nuevo, desde África, los *Homo sapiens* volvieron a extenderse por el mundo y desaparecieron los últimos homininos, quedando solo nuestra especie. Puede que aquel evento catastrófico fuera tan fuerte e impactante que dejara un enorme agujero en la memoria colectiva de la humanidad.

Es muy posible que el cambio de temperaturas y atmosférico que siguió a la catástrofe de Toba produjese lluvias torrenciales que también hayan dejado un recuerdo en la humanidad. Yo me inclino a pensar que los relatos de diluvios de todas las culturas reflejan la memoria de este evento o de algún otro. Ya hemos señalado también que el último periodo glaciar Würm IV podría haber sido una de las causas de la extinción de los últimos homininos, y quizá sea esta la catástrofe que tantos pueblos recuerdan, pues también pudo estar acompañada de grandes precipitaciones. Puede ser también la erupción italiana de hace 39 000 años que ya hemos mencionado. Algunos teorizan que el recuerdo de este diluvio puede provenir de la inundación del Mar Negro por parte del Mar Mediterráneo hace 7 500 años. Puede que fuese algún otro evento del que no tenemos noticia.

En todo caso resulta curioso notar las coincidencias de los relatos de las culturas antiguas con grandes catástrofes —especialmente la del volcán de Toba—, a las que sobrevivieron algunos individuos y que dejaron una huella en la memoria de tantos pueblos. No se trata, desde luego, de un diluvio universal, ni tampoco de un castigo de Dios. Pero, al menos la catástrofe de Toba sí que supuso una destrucción tan increíble que parece que la humanidad tuvo que «volver a empezar».

La torre de Babel

La historia de la torre de Babel cuenta que los hombres tenían, después del diluvio, una misma lengua, y que se propusieron hacer una torre que escalase al cielo. Según este relato mítico, Dios confundió las lenguas de los hombres, que dejaron de entenderse y se dispersaron por la faz de la tierra[14]. Este relato trata de explicar la diversidad de las lenguas. Ya hemos explicado que los *Homo erectus* tenían desarrolladas las capacidades para el habla. No podemos saber qué forma de lenguaje pudieron tener ellos, ni los *Homo heidelbergensis*, neandertales o denisovanos.

En todo caso, la catástrofe de Toba seguramente acabó con la mayor parte de la humanidad. Después de ella, hubo una salida de *Homo sapiens* desde África que colonizó el mundo para siempre. Los estudiosos del origen del lenguaje han visto que la mayor parte de las lenguas proceden de lenguas anteriores que se fueron diversificando. Los estudiosos del lenguaje Trombetti, Greenberg y Ruhlen propusieron la teoría de que todas las lenguas procedían de una única lengua, a la que llamaron *proto–sapiens*. Esta sería la lengua de los *Homo*

---

[14] Cfr. *Génesis* 11.

sapiens que salieron hace unos 60 000 años de África y que poblaron el resto del mundo[15]. Esta lengua se habría ido diversificando, y dando lugar a las actuales lenguas que tenemos a lo largo del mundo. Esta teoría ha sido discutida, y sin embargo tiene bastantes pruebas a su favor.

En todo caso, no sabemos nada de una torre que quisiera alcanzar el cielo, Es cierto que en la cultura griega y en la mesopotámica también hay mitos que cuentan que los hombres —o los titanes— intentaron construir una torre para llegar a la morada de los dioses. Puede entonces que también recoja algún evento de la antigüedad de un esfuerzo por tratar de hacer algo parecido. Lo que sí parece claro es que, tras la catástrofe de Toba, hubo una misma lengua que, tras la dispersión sobre la faz de la tierra de los *Homo sapiens,* se fue diversificando, dando lugar a las lenguas que tenemos en la actualidad. Una vez más, podría ser que el texto bíblico recoja tradiciones antiguas que hayan quedado impresas en la memoria de la humanidad.

---

[15] Cfr. https://es.wikipedia.org/wiki/Idioma_protosapiens, consultado el 16 de enero de 2025.

EPÍLOGO

En este libro hemos hecho un largo recorrido con la Biblia en una mano y los datos de la ciencia en la otra. He querido hacer un aporte a la conversación siempre fructuosa entre ciencia y fe. La evolución no es incompatible con la fe cristiana. El cristianismo es, ante todo, una religión racional, que siempre ha dialogado con las filosofías y las ciencias de las diferentes épocas. La Iglesia, que es muy prudente, siempre va un paso detrás de las últimas teorías científicas, porque es muy cauta a la hora de aceptar supuestas verdades que luego el tiempo se encarga de desmontar.

Pero la Iglesia está presente en este diálogo entre las diferentes disciplinas y vela para que la dignidad del ser humano no quede menoscabada por afirmaciones que se puedan hacer desde la ciencia. La evolución no quita ni un ápice de dignidad al ser humano, y no contradice en absoluto la presencia de la imagen divina en el hombre desde los primeros seres humanos.

La catequesis y la enseñanza de la religión debe incorporar sin miedo los descubrimientos científico, y señalar sin rubor que las afirmaciones de los primeros capítulos del Génesis, aunque puedan retener la memoria de eventos reales, no deben ser leídos de una manera literal, y mucho menos científica. Ellos nos hablan sobre todo de verdades de fe.

Todo lo dicho en este libro está abierto a discusión y a futuras correcciones. Espero que haya ayudado a los lectores científicos a ver que la fe no es incompatible con su trabajo; y a los lectores creyentes, a darse cuenta de que no hay que tener miedo a la ciencia. Al mismo tiempo, espero que haya dejado claro que la ciencia y la fe deben permanecer cada una en su propio ámbito. Y que, cuando se procede así, vemos que surge una preciosa armonía entre ambas que da un testimonio común de la única verdad.

En este tiempo en que la dignidad del hombre parece en peligro y en que parece que el ser humano quiere negar lo que es o llegar a lo que no es, creo que es preciso reivindicar la belleza y el valor del cuerpo humano, que nos precede y se nos regala tal y como es; y la dignidad de todo ser humano, sea cual sea su condición corporal, porque posee un alma inmortal y ha sido creado a imagen de Dios.

Espero, por último, que este libro contribuya a que los científicos no piensen que la religión católica es una superstición insostenible, y se abran a la belleza de una comprensión integral del ser humano que tenga en cuenta todas sus dimensiones. Porque la verdad es sinfónica. Todos tenemos una perspectiva de la única verdad. Comunicarnos, dialogar y poner en común lo que cada uno va conociendo con certeza hace que tengamos una imagen cada vez más nítida de esa única verdad.

BIBLIOGRAFÍA

Camilo J. Cela Conde y Francisco J. Ayala,

— *Evolución humana. El camino hacia nuestra especie*, Alianza editorial, Madrid 2013.

Comisión Teológica Internacional,

— *Comunión y Servicio* (2005).

Daniel Iglesias Grèzes,

— *Soy amado, luego existo, Vita Brevis,* Madrid 2021.

Emiliano Bruner,

— *La evolución del cerebro humano. Un viaje entre fósiles y primates* (Shackleton books, Barcelona 2018).

Fiorenzo Facchini,

— *Evolución: ciencia y fe en diálogo* (Didáskalos, Madrid 2020).

Giorgio Manzi,

— *Últimas noticias sobre la evolución humana*, Alianza editorial, Madrid 2017.

Juan Luis Arsuaga e Ignacio Martínez,

— *La especie elegida. La larga marcha de la evolución humana*, Booket, Barcelona 1998.

León XIII,

— *Providentissimus Deus.*

Manuel Martín-Loeches,

— *El cerebro humano y su evolución: 20. Origen, cuadernos Atapuerca.* Diario de los Yacimientos de la Sierra de Atapuerca, Burgos 2021.

Pío XII,

— *Humani generis.*

Pontificia Comisión Bíblica,

— Sobre el carácter histórico de los tres primeros capítulos del Génesis (1909).

— Las fuentes del Pentateuco y el género literario de los once primeros capítulos del Génesis (1948).

Roberto Sáez,

— *Evolución humana. Prehistoria y origen de la compasión*, Almuzara, Córdoba 2019,

— *Blog https://nutcrackerman.com/*

San Juan Pablo II,

— Encíclica *Fides et ratio*, sobre la relación entre fe y razón.

— Mensaje a los miembros de la Academia Pontificia de las Ciencias (1996).

— Audiencia General del 29 de enero de 1986.